性愛告白

初体　と絶頂

～はじ　　身悶えた夜～

愛の体験編集部 編

竹書房文庫

第一章　はじめての官能に乱れて

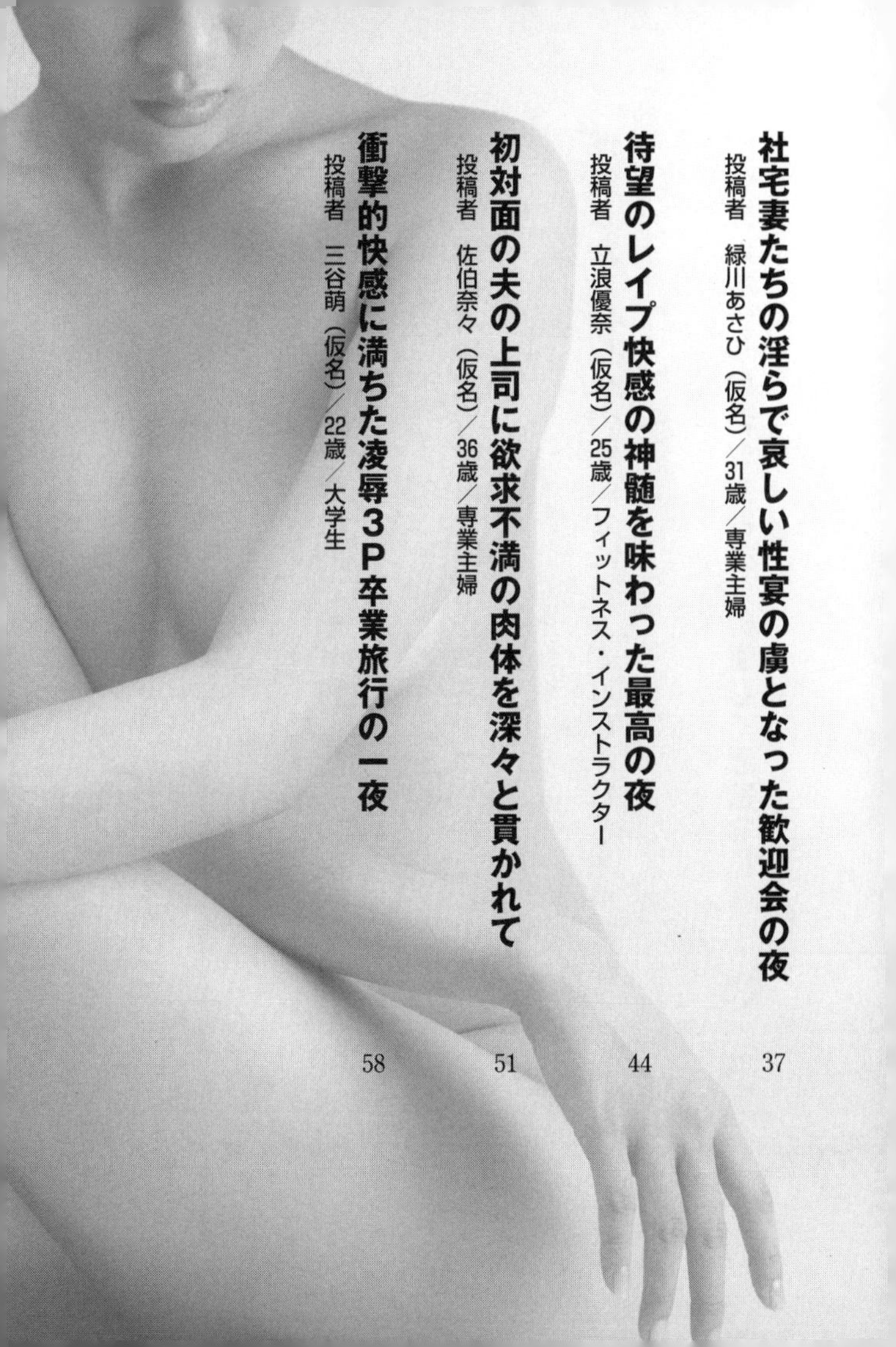

第二章　はじめての官能に溺れて

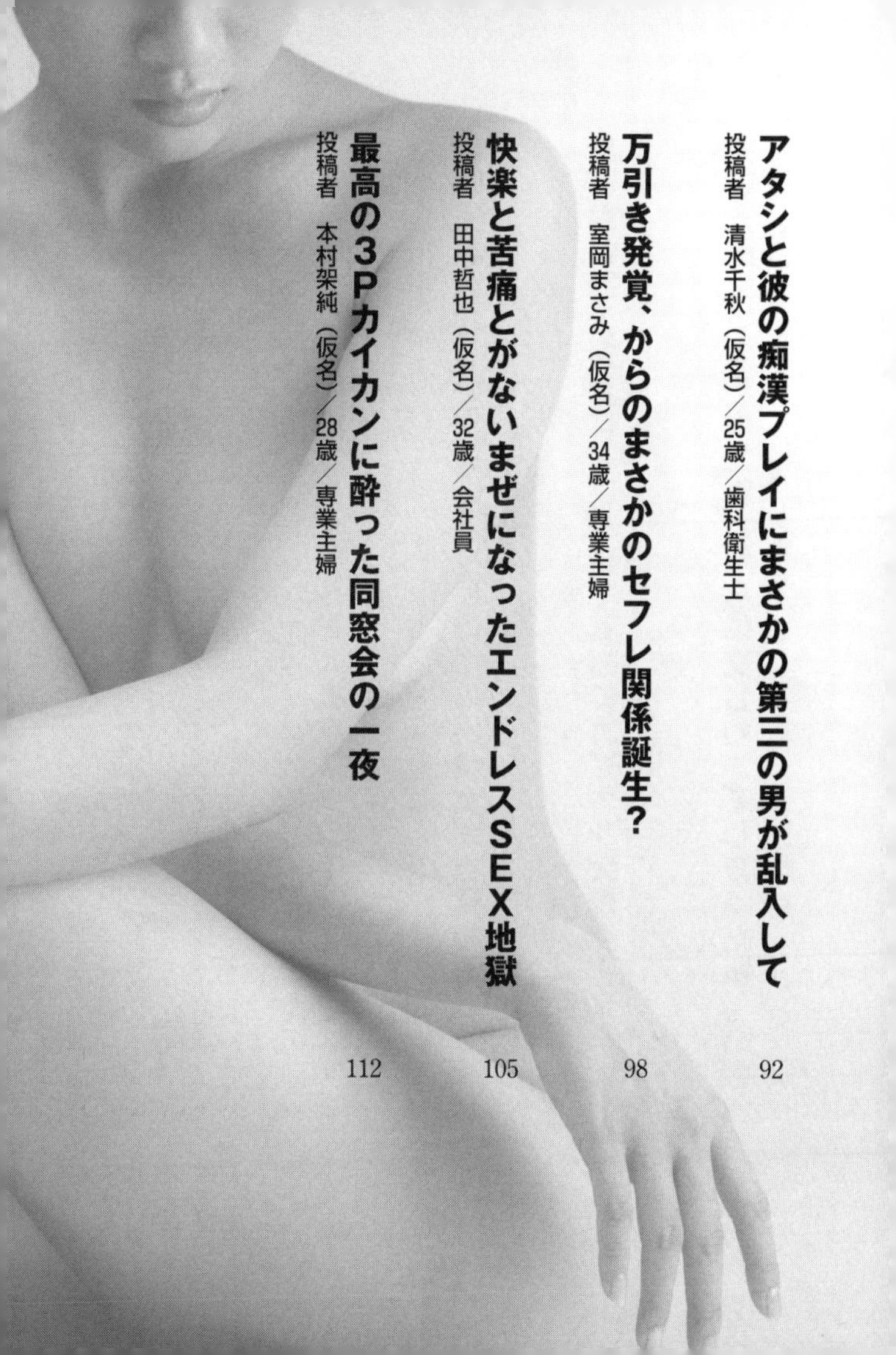

第三章　はじめての官能に震えて

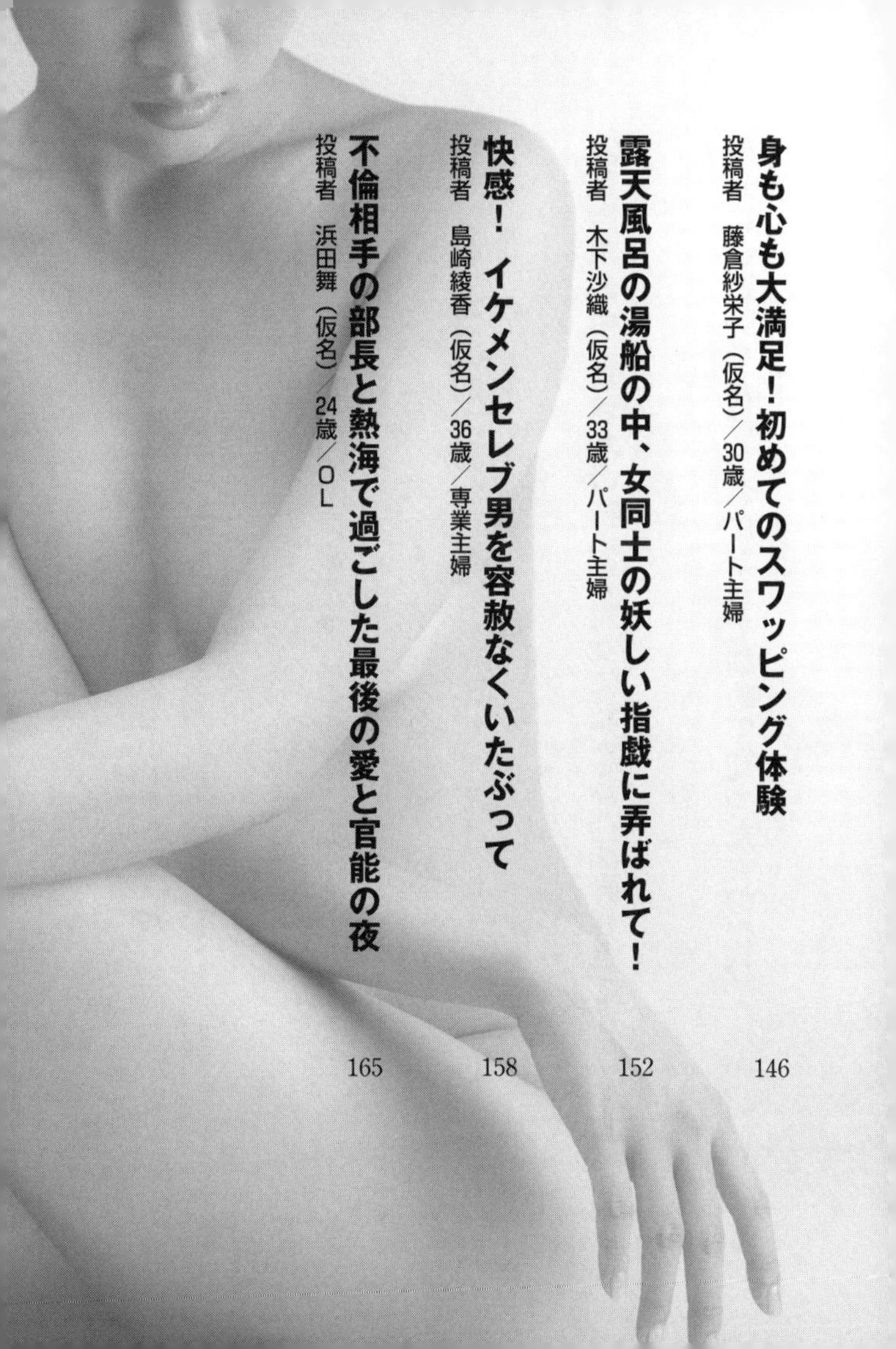

第四章　はじめての官能に狂って

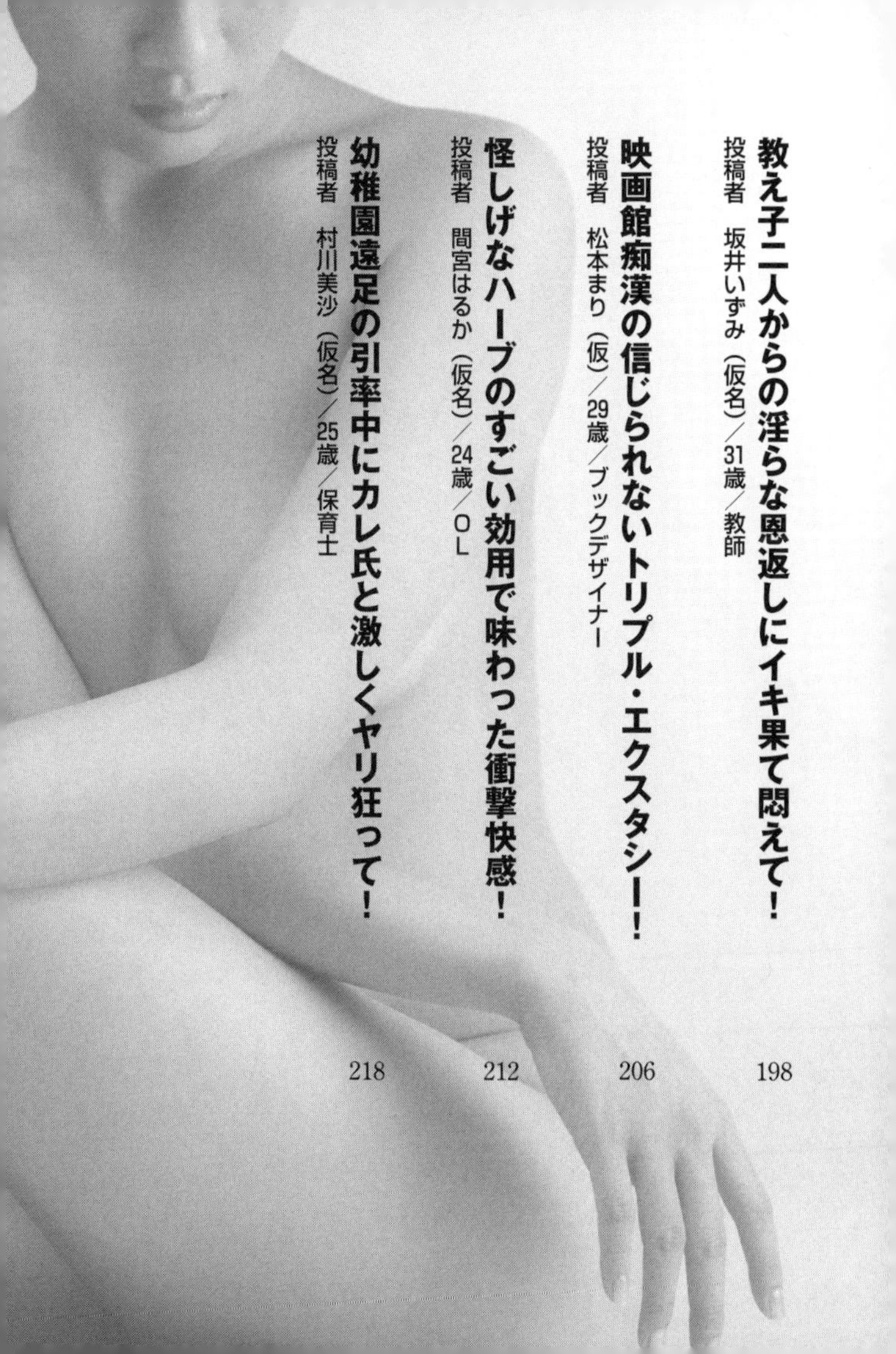

本書は、以下の文庫より抜粋、加筆・修正したものです。

2018年10月22日発売「素人手記　OLたちの夜の副業解禁～みだらなアフター5」

2019年4月15日発売「素人手記　外でも中でも初めて知った快感絶頂体験記」

2020年10月20日発売「素人手記　初めての甘美な絶頂に痙攣がとまらない女たち」

2021年4月12日発売「素人手記　女としての絶望の果てにナマでヤれる肉人形にされた私……」

2021年10月11日発売「素人手記　我慢できなくて…つい自分から誘ってしまったんです…欲求不満が溜まりすぎた女たちの絶頂告白」

2022年4月11日発売「素人手記　淫乱開花した素人女性の性癖願望～真面目な顔して、はしたない痴態を晒しちゃった！」

2022年10月17日発売「素人手記　ああ、禁欲限界突破！～田舎で、行楽地で、見知らぬ土地で…性の鬱憤を爆発させる女たち」

2023年4月17日発売「素人手記　快感一期一会～再びは会えないあの人との忘れられない絶頂エクスタシーを告白します！」

第一章　はじめての官能に乱れて

■Eさんの舌が茂みをとらえ、二十二年間かたくなに閉じられてきた肉門を割って……

真面目一直線だった私の驚きの激エロ社会人ライフ

投稿者　湯島彩（仮名）／24歳／公務員

去年、大学を卒業して、公務員試験に合格、地元の県庁に勤め始めたんだけど、私ってば、まさかこんなことになっちゃうなんてね～……自分でもびっくりです。

一応国立大学を出た私は、それまでもう真面目一直線。クラスメートたちがどれだけ、やれアイドルだ、ファッションだ、ボーイフレンドだってキャイキャイ盛り上がっていようが、そんなものは一切無視！　早くにがんで父を亡くし、苦労して女手ひとつで私を育ててくれた母を早く安心させ、楽にしてあげるためにもと、私は大学も公務員もとにかく現役で通ることにこだわり、ひたすら努力してきたんです。

なので、県庁に入ってもうかれることなく、「さあ、早く一人前の公務員になるべく、がんばるぞ～っ！」と、公務に燃えていた私だったわけだけど、そこは実は欲望に飢えたエロ野獣たちの巣窟だったのです！　じゃ～ん！

まず最初に、私が配属された地域振興課で、直属の先輩職員のEさん（二十八歳）。

シュッとしてエリート感漂う男性だったんだけど、勤続一週間目でいきなり飲みに誘われて、もちろんバリバリペーペーの私に断るなどという選択肢はなく……しかも私、たいしてお酒に強くないものだから、Eさんが見繕ってくれた甘めのカクテルを調子に乗って二杯飲んだだけで、もう頭クラクラ、足元フラフラ状態に。そのままんまとホテルに連れ込まれちゃいました。

あ、申し遅れましたけど、私はその時点でまだヴァージンでございました。

Eさんはかなり女性経験も豊富らしく、ベッドの上で私に覆いかぶさりながら、「湯島さん、はじめてだよね」と看破し、「でも大丈夫。俺にまかせて」と余裕かましつつ、服を脱がせ、下着を剝がしてきて……まっぱになった私の首すじから始めて、唇、うなじとキスの雨を降らせ、舌を這わせて、ついに敏感な乳頭に刺激が及んだとき、生まれて初めてそんなところを異性に触れられた私は、そのあまりの気持ちよさに一瞬、気が遠くなっちゃって……そのあとはもう、「あん、あん」言いながら、見る見る己の秘められた性感を解放！　ついにEさんの舌が秘密の茂みをとらえ、二十二年間かたくなに閉じられてきた肉門を割って中に入り込み、怪しげな生きものみたいにウネウネ、ニョロニョロとうごめき回った日には、もう完全に恥じらいも恐れも忘れ、背をのけ反らせて悶えヨガリまくっちゃってました。

「ああん、あ、あひっ……はっ、はあっ……！」

「ふふふ、いい感度してるじゃないか。ヴァージンのわりにはこの愛液量、ハンパじゃないぜ。ほらほら、もうこれ以上の刺激が欲しくてたまんなくなってるんじゃないの？　んん？」

「あ、ああ……そ、そんな……はぁっ、あっ……！」

「恥ずかしがらなくていいさ。ほら、こんなにココをヌレヌレのヒクヒクにさせて……初めての男の侵入を待ちかねてるんだろ？　さあ、いくよ！」

　次の瞬間、生まれて初めて味わう強烈な痛みがアソコを貫きました。裂けて、もう使い物にならなくなってしまうんじゃあ、という恐怖とショックの中、でもEさんは肉竿の出し入れをやめてくれなくて……すると、そのうち激痛は遠のき、代わって、これまた生まれて初めて感じる心地よい脈動が股間に生まれ、それがどんどん性的快感をエスカレートさせていったんです。

「はあっ、はっ、ああん、あん、あ、はひ……んあっ、いい、いい～～っ！」

　Eさんがコンドームの中に熱い体液を解き放ったとき、私のそこはグロテスクに出血しながらも、とろけるような陶酔に満たされていたんです。

　それからまた一週間ほどが経った頃、今度はなんと課長（三十八歳）が私に声をかけてきました。

「湯島くん、聞いたよ。初めてのアソコの傷はもう癒えたかな？」

なんとEさんと課長は、とんでもないつながり方をしてたようです。

Eさんをはるかに凌ぐ上司からのお誘い、当然私は受け入れないわけにはいかず、その週末、課長がなじみだという温泉宿に一泊二日で行くはめになりました。

そこは、個室ごとに外に面したミニ露天風呂が設置されているという豪華な宿で、いくら課長といえども公務員の収入ではそうおいそれと利用できるようなレベルじゃないと思いましたが、案の定……地域振興課のトップとして、当地の観光組合の中における便宜を図ってあげたゆえの見返りということで、要は完全な癒着だったみたいです。課長は自慢げにそんな話をしながら、私を露天風呂にいざないました。

「湯島くん、きみ、本当にいいカラダしてるね。今にもはち切れんばかりのオッパイに、お尻もまるまると色っぽくて……ああっ、たまらんっ！」

課長は湯船の中で私のカラダを撫で回し、揉みくちゃにして、怖いくらいにいきり立った肉棒をあちこちに押しつけ、柔肌を蹂躙してきました。熱いお湯の中でも、その欲望に沸騰せんばかりに高まった肉棒の体温がびんびんに感じられるようです。

「ああ、湯島くん……ぼくの……しごいて」

そう乞われ、私も実は早くそれを握りたかったのもあり、即座に手を伸ばし行為を始めました。太い竿を握り込み、上下にグイグイとしごき、時折わざと亀頭のエラに引っかけるようにして刺激の変化をつけて……。

「……お、おおおおお、おっ……いい、いいよぉ……」

私の愛撫に反応して、それがいやらしい液を分泌しているのが、お湯を通しても感じられるヌルヌルタッチでわかりました。

そのまま湯船の中での相互愛撫に移行した私と課長は、やがて合体し、チャプチャプと波音をたてながらまぐわって……でも、両隣りの部屋にお客はいないということを聞きながらも、前方の渓流に向かって開け放たれた戸外に向かってあられもない声を放つことはさすがにためらわれ、

「……んんっ、んっ、んぐ……んふぅ……」

「おっ、おう……ふぐっ、うぐぐ……」

二人、精いっぱい声を押し込めながら、ハメ合ったんです。

その後も声をかけてくる同僚、先輩、上司はあとを絶ちませんでした。

すっかりセックスの悦びにハマってしまった私は、よほどのことがなければそれらのお誘いに応えていったんだけど、中にはどうしても生理的にダメな人もいて……中

し訳なく思ってます。

あ、でもそういえば、この間、初めて上司二人との3P体験をして、そりゃもう刺激的でめちゃくちゃ感じちゃったんだけど、そういうふうにサシじゃなく、何人かいるうちの一人ってかんじだったら、生理的嫌悪感も薄れてなんとかなるかも？　今度もし誘われたら、そう提案してみようかな〜。

とまあ、昔からすると考えられないような社会人ライフを送ってる私、とっても満足してるんです。

■子宮にまで届きそうな彼の大きなイチモツの衝撃に、私は幾度も痙攣しかけ……

野獣と化した三人の男性教師に肉体を蹂躙されて！

投稿者　飯塚志保美（仮名）／36歳／教師

三人の男たちが突然豹変してしまった。まるで飢えたオオカミのように私に覆いかぶさってきたのだ。

たった数分前まで、ワイワイ楽しくにぎわっていたカラオケルームで。

「や、やだ、あんたたち、何する気？」

「女一人残されたら、やること一つに決まってんじゃゃん、なぁ？」同時にヒヒヒと笑い、Aが私のTシャツをめくり、Bが無理やりキスをしてきた。Cが私の下半身をまさぐり、あっという間にジーパンとパンティを引きずり下ろしてしまった。

「い、いやあぁ～～やめてえ～～」私の悲鳴は、ボリューム最大のカラオケ曲に掻き消され、当然部屋の外にまで聞こえない。

「おお～～、でかいオッパイしてんじゃん」ジュルジュルとAが舐め始めた。「いやぁ～～」男たちは構わず私を舐め回し、いじり回す。私は恐ろしさに体が固まり、目を開けることもできない。Cは私の両足をグィッと開き、前触れもなくいきなり挿入してきた。「おお～～、締まってるぅ締まってるぅ」メリメリと皮膚が裂けるような痛みに、「やめてぇ～～、痛い！」と叫びながら涙が出てきた。どんなに哀願しようとも、一度獲物に喰らいついた猛獣たちはその手を緩めない。乱暴に乳首を噛まれ揉まれ、ゴンゴンと鉄のように硬い棒で膣を突きまくられ、アナルに指を入れられ……私はまるでか弱い小鹿の如く、ただただ震えながら食い尽くされてしまったのだ……。

そのとき、ハッと目が覚めた。夢だったのか……いや、あれは夢なんかじゃない。十九歳の夏に、本当にあった出来事だ。

念願叶って東京の女子大に合格し上京。大学生活を満喫するべく私は友人に誘われるまま毎週土曜日は合コンに参加した。あの夜もそうだった。三対三の合コンで、男たちは一流大学の学生だったから、私たちのテンションも上がり気味だった。「ねぇ、どのコがいい？」と紹子が小声で聞き、「私、真ん中のヒト」と菜々が返した。「絶対にゲットしたいよね」と興奮気味に話してた菜々だったけど、二次会のカラオケ店に入室した途端、具合が悪くなった。「さっきのお店の牡蠣に当たっちゃったみたい……」カラオケ店のトイレから出れなくなった菜々を心配した紹子が「菜々の家まで送ってくるわ。一時間で戻ってくるから志保美、彼たちとここで待ってて。いい？

絶対にまだ帰っちゃだめよ！」そう念を押して部屋を後にした。「菜々ちゃんによろしくね」「また今度飲もうねって伝えて」「紹子ちゃん、早く戻ってきてね、それまで俺ら歌いまくってるから」男たちは愛想よく手を振った。その数分後に、あの悪夢が訪れた。紹子が戻ってくるまでの一時間の間に、私は凌辱されたのだった……。

あれから十七年の時が経った。あの忌まわしい夜のことがトラウマとなり、男と付き合うことが出来ず現在に至っている。英語の教師として公立中学に勤務しているが、時々大人びた男子生徒にからかわれたりすると　つい鬼の形相で睨み返したりしてしまう。私はすっかり男性恐怖症になってしまっているのだ。だけどそんな一方で、最近密かに鬱積する欲求不満にも似た気持ちも湧いてきた……それはおそらく、この春に赴任してきた若い男性教師二人のせいだ。そう思う。

片岡勇樹（仮名）、二十三歳、新卒の数学教師、一年生を担当している。長身で細身、いかにも堅物っぽい眼鏡をかけているが、気さくで生徒たちから慕われている。

長谷川航平（仮名）、二十四歳、体育教師。二年生を教えていて、私が担任している二年三組の副担任でもある。サーファーのように浅黒く焼けて、たくましく健康的な体、イケメン、女子生徒たちのファンも多い。

なぜか私はこの二人の男性にだけは好感が持てた。歳が一回りも下だから気を許してしまったのかもしれない。女子生徒から多大な人気があることも……魅力的だった。

ある放課後。私は長谷川に呼ばれ、体育教官室に出向いた。校内は中間試験中につき生徒たちは午前中のうちに帰宅し、教室も校庭もシーンと静まり帰っていた。

コンコン……教官室のドアをノックすると、「はーい、志保美先生、どうぞー！」と元気な声が返ってきた。「失礼しま……」ガチャッとドアを引いて部屋に入ると、数学教師の片岡が中央のソファに腰かけていた。

「あ、ウチのクラスの話……じゃなかったの？」窓際の机に向かって座っていた長谷川に訊ねると、「ああ、まあそれもあったんですけどね、せっかく片岡先生が来てくれたから別のこと、優先しようかなと思って……」ゆっくり椅子から立ち上がり、長谷川がこちらに歩いてきた。「え？　別のこと、優先って？」そう訊くや否や、ガバッと私はソファに押し倒された。ほぼ二人が同時に私に襲いかかってきたのだった。

「いやぁ〜〜やめてっ、やめてーー！」

十七年前のあの悪夢の再現なのか？　私の体は強張る。私はまたもや油断してしまった。魅力的に思った彼らまでもがやはりオオカミだったのだ……早々に観念してしまい、もう逆らう気にもならない。

私はあっという間に全裸にされた。「俺ら、二人とも志保美先生をオカズにして毎晩マスをかいてるんですよ……」チュパチュパと乳首を吸いながら片岡が言った。長谷川は私の両足を広げ股間を撫で始めた。「ああ～～想像してた通り、毛深いんですねぇ」長谷川の指がその濃い陰毛を掻き分けて私の割れ目を捉えた。指がゆっくりと穴奥に入ってくる。「ああ～～いい眺め。いやらしいトコ丸見え～～ハァ、ハァ……」長谷川は二本の指で容赦なく、中を掻き混ぜる。ツンッと痛かったのは最初だけで、レロレロチュパチュパと乳首を吸われ、クッチョクッチョと膣を掻き乱され……私のアソコはたっぷりと湿り「おお～～、すげぇ濡れてるよ～～」長谷川は興奮しながらトランクスを脱ぎ、黒光りする肉の棒を一気に穴奥に差し込んだ。「んんん～～あああ～～～」レイプされているのに……こんなにも感じている自分が不思議だったが、上手く考えが回らない。「ああ～～、いい～～」恥も外聞もなく、雄たけびをあげ腰を振っている自分が、まるで獣のように思えた。長谷川は私の亀裂の限界まで肉の棒を突きまくった。子宮にまで届きそうな彼の大きなイチモツの衝撃に、私は幾度もブルブルと痙攣しかける。パーンパーンパーンパーンと激しくピストン運動を繰り返し、長谷川は「イク」とも言わずに、白濁液を打ち上げた。

長谷川が私の体から離れた、と同時に、それまで乳首を舐め回していた片岡が、そそくさと私の股間のほうに体を移動させてきた。すでに大きく開き濡れまくった私の秘口に勃起物を差し込んでくる。

「ヒィッ！」片岡のそれはゴツゴツしていて膣のあちこちに快感を与えた。長谷川のより大きくはないが熱い。熱でもあるのではないかというくらい熱く、それがまた凄く良かった。「あああ～～～～いい～～～～いい～～～」自分でも驚くほどの快感の悲鳴をあげてしまう。細身の体からは想像もできない凶暴な力で、ゴンゴンと肉棒を突いてくる。「足をもっと広げて！」私は命令されるがまま足を大きく広げ、はしたない格好で彼のピストン運動に合わせて腰を振り続ける。

レイプされているのにこんなにも感じてる……レイプされているのに……繰り返しそう思った。長谷川がスマホで、犯されている私を動画で撮影しているが、そんなこともうどうでもいい。私は快感の渦の中でぐるぐるしていた。

「ああ～～志保美先生、イクよ……」

「きて……私もイク……イク……」

「おおおおおお～～～～イクゥ～～～～！」

「私もイッちゃう……イッちゃうぅぅぅぅぅぅ～～～～！」

ドピュドピュッ……と、まるで土石流のように白濁液が溢れ出て、片岡のゴツゴツが徐々に丸みを帯びてやがて小さくなった。

私はだらしなく足をおっぴろげたまんま。それをニヤニヤしながら長谷川が撮影している。ピクンピクンと私の膣が痙攣している。そこはもう空になったのに、二人の肉棒がまだ中でうごめいているような感覚……「あああ～～イク～～～」私は二度目のエクスタシーを迎えた。

今ここに、私は長年の性の呪縛から解き放たれた……セックスがこんなにもいいものだったなんて！

「この動画、俺ら共有して、今後もオカズにさせてもらいますよ」

ククククと笑って長谷川が言った。

「そんなの……ねえ、マスかくより、生身の私を抱きたくない？　私ならいいのよ？いつでもレイプしてくれて」

私の言葉に片岡と長谷川がやった！　というような顔をした。私もすごく楽しみだ。だっておそらく、私はもう普通のセックスでは満足できないだろうから……。

■清水さんのその巨体に負けない立派なペニスがグングンと勃起度を増していき……

ママさんバレーの指導にきた超一流選手と禁断快感合宿

投稿者　篠井佳織（仮名）／30歳／パート主婦

私は、中・高と部活でバレーボールをやってきたこともあって、結婚生活がある程度落ち着いてくると、乞われて地域の婦人会のママさんバレーボールチームに所属して、もう一度プレーヤーとしてがんばることになった。

練習は毎土曜日の夜七時〜九時ということで、夫の理解のもと、三歳の娘は近くの実家に住む母が面倒を見てくれて、無理なく楽しく練習ができていた。

すると、そんな環境がよかったのか、私はエースアタッカーとしてめきめきと頭角を現し、チームの戦力向上に貢献、この夏、予選をあれよあれよという間に勝ち進み、なんとチーム結成史上初めての全国大会出場を決めてしまったのだ。

「こうなったら特訓合宿だ〜！　目指すは全国制覇！　エイエイオー！」

監督はがぜん張り切ってしまい、私たち選手は皆、その問答無用の同調圧力に屈するかのように自身の都合を調整し、私もなんとか母を納得させ夫を説得し、長野での二泊三日の強化合宿への参加を可能にしたのだった。

そして当日、現地へ向かうマイクロバスの中で、監督が運転しながら言った。

「いつもは俺一人で指導してるけど。今回ばかりはそれじゃとても追いつかない、スペシャルコーチを招聘したからな！　皆とは現地で初顔合わせっていうことで、楽しみにしてろよ！」

うわ、まさかのサプライズまで……監督さん、ノリノリだなあ。

皆、正直ちょっと苦笑していたが、その後、実際に顔を合わせた、そのスペシャルコーチの彼は、本当にスペシャルな人だったので、マジ度肝を抜かれてしまった。

なんと彼は、清水国広選手（仮名）……ほんの三年前まで日本代表として活躍していた、正真正銘の超一流プレーヤーだったのだ。間近で見るその身長一九三センチ、体重九十八キロの立派なマッチョボディはまさにド迫力で、私をはじめとするチームの面々は、ただただうっとりと見とれてしまうばかり。

「実は彼、俺の大学の後輩なんだよ。この際、ダメ元で頼んでみたら、なんと二つ返事でOKしてくれたもんだから、俺もマジびっくりしちゃったよ」

「あはは、そんな……尊敬する先輩の頼み、最優先で当たらせてもらいますよ。皆さん、この二泊三日の間、どうぞよろしくお願いします！」

「はいっ、よろしくお願いしまーす！」

私たちは我に返ると、慌てて声を揃え、そう返礼したのだった。

初日のその日は、昼食後の午後三時頃から練習が始まり、夕食の一時間を挟んでみっちり夜九時すぎまで、実戦での攻撃フォーメーションの確認、及び反復練習を中心にかなりハードなメニューが組まれたが、なにしろ清水スペシャルコーチの指導が本当に的確でわかりやすく、体力的にはヘロヘロだったものの、確実に自分たちがプレーヤーとして成長できているという充実感でいっぱいだった。

そして二日目、昨日とほぼ同じメニューをさらに精度とレベルを上げてこなしていたのだが、その間、やはり同じアタッカーとしてどうにも気にかかってしまったのだろう。清水さんは練習でも、ちょっとしたプライベートでも何かと私に目をかけてくれて、なんだか私、二人の間の距離感がどんどん狭まっていくように感じていた。

そしてその日の夜のことだった。

すべての練習を終え、入浴を終えてさっぱりとしている私のもとに、清水さんが何気ないふうを装って接近してくると、ひそひそと言ったのだ。

「これから夕食のあと、二人きりになれないかな？」

「……え？」

「いや、その……佳織さんのこと、もっともっと知りたいな、と思って。だめ？」

「ううん、だめなんかじゃ全然ないです。嬉しいです」

そして私たちは十時に、合宿所から歩いて五分ほどの場所にある駐車場の、ここまで清水さんが乗ってきた、ごっついランドクルーザー前で待ち合わせた。

「無理言っちゃってゴメンね」

尚もそう言って遠慮気味な空気感を出す清水さんに、若干のイラッと感を覚えた私は、爪先だって一七三センチの体躯を目いっぱい背伸びさせ、二十センチ背が高い彼の唇にキスしてた。

「んんっ、うぐ……んふぅ……」

最初、私にされるがままに舌を吸われ、唾液を啜られてはうっとり恍惚としていた清水さんだったが、そのうちさすがにこのまま周囲に身をさらしてちゃまずいと思い至ったようで、私の唇を引き剝がすと。車の荷台部分のドアを開けた。そして軽々と私の体を持ち上げ、ドサっと中に放り入れて。

「ああん、清水さんたら乱暴なんだからあ！」

私はそう責めるような口調で言いつつ、実際には「思惑どおりね」とほくそ笑んでいた。私がそのとき、あえてその場に着てきた格好は練習用のユニフォームで、上はタイトなタンクトップ&もちろんノーブラ、下はギンギンに股間に生地が食い込んだブルマータイプのアンダーだった。この二日間、練習指導中の彼を目で追いつつ、その興奮ポイントを観察・分析した私は、もしもこうなったとき、彼を落とせる可能性が最も高いSEXYコスチュームとして、この格好を選択したというわけだ。

「ああっ、モッチモチの太腿、オマ○コすれすれの股間、タンクトップの生地にプックリと浮き出した乳首……た、たまんないっ！」

清水さんは私を広い荷台に押し倒すと、分厚くて大きな手でタイトに締まったタンクトップ越しにムニュムニュと乳房を揉みしだき、その後裾をペロリとめくり上げ、汗まみれで火照った乳首をペロペロ、チュウチュウと舐め、吸い啜った。

「……んあっ、はあぁっ、あああん……！」

私もそう喘ぎ悶えながら、手を下のほうに伸ばすとジャージ越しに彼の股間に触れ、コリコリ、キュウキュウとこね回すように愛撫した。その巨体に負けない立派なペニスがグングンと勃起度を増していき、もうジャージを突き破らんばかりに窮屈そう。

私はその下の下着ごと彼のジャージを剝ぎ取ると、体を入れ替えて勃起ペニスにむしゃぶりついていった。すると彼のほうも、あえて脱がすことはせず、ユニフォームの股間部分を無理やりこじ開けるようにして、中のイヤラシイ具をはみ出させ、そこに喰らいつき、ジュルジュルと吸い立ててきた。

ああ、この無理やりな感じが、ホントいいのよね～～～！

私はそうひとりごちながら、続いてスルスルと彼の体の上に這い上がり、その佇立したペニスを騎乗位で自分の肉割れの中に呑み込んでいった。

「んあぁっ！　お、奥までくるぅっ！」

「あ、はあっ、すごい……締まるぅ～～～～～！」

その後十分間、お互いを求めむさぼり合った私と清水さんは、共に果て、喜悦の叫びをあげていた。

さて皆さん、このあと私のチームが全国大会に出てどういう成績を収めたか気になるよね～？

はい、結果は二回戦敗退でした～！

とっても悔しかったから、来年はもっとがんばりたいところだけど、果たして清水さん、また指導に来てくれるかな～？

■Aくんは私の濡れマ◯コに下から巨大勃起チ◯ポを突っ込んできて……

ブサメン巨デブ男との超極上エッチでたまらず昇天！

投稿者　吉村美智（仮名）／24歳／フリーター

私、自分で言うのもなんだけど、顔もカラダもかなりイケてる。

顔はしょっちゅう吉岡◯帆に似てるって言われるほど、自分でもかわいいなあって思うし（笑）、カラダもB八十四センチ・W六十センチ・H八十五センチで、仲のいい男友達によく「おまえってホント、男ゴコロをそそるプロポーションしてるよなあ」なんて言われるくらい。あ、念のため言っとくけど、コイツとは一度もヤッたことないからね……まだ今のところ（爆）。

てなわけで、自分の女としての商品価値がよくわかってるから、男に対しても絶対に自分を安売りしたりしない。それこそ言い寄ってくるヤツは山ほどいるけど、ちょっとやそっとじゃ相手にしてやらない。相当将来性があるか、ドンピシャ好みのイケメンじゃないとね。

でも皮肉なもので、一方で人並みはずれて大のセックス好きだったりするものだから、困っちゃうのよねえ……常に上から目線で、自分を絶対に安売りしないって言ってる手前さ。これがものすごいジレンマなわけよ。ふう。

さあ、そんな私なんだけど、つい最近仲良くなった同じバイト先の女友達から、こんな話を聞いちゃったものだから、たまらない。

「ほら、キッチン担当のAくんいるじゃん？　そうそう、あのブサメンで巨デブの！　あたしのツレの子が、信じられないことに、なんだか酔った勢いでヤッちゃったらしいんだけど、これが意外なことに、アレはでかいわ、タフだわ、テクはあるわで、もうサイコーのエッチだったたっていうのよね！　で、すっかり味を占めて、見た目はおいといて、まじでセフレになってほしいってAくんに頼んだんだって。まあ、なんと断られたっていう話だけど……笑う」

そのツレの彼女、昔からヤリマンで有名だって私も知ってるんだけど、逆に言えばエッチに関しては相当目が（アソコが？）肥えてるわけで……そんな子が即セフレになってほしいって頼んだくらいだから、こりゃそのAくん、相当のセックス・プレイヤーであることはまちがいないわけで……。

うーん……ヤりたいっ！　Aくんにセックスしてほしい！

アタマじゃなく、アソコでそう思っちゃった私は、もう居ても立ってもいられなくなり、でも、いわゆる『上玉な女』の私が自分のほうから、そんな非モテ系の彼にお願いするわけにはいかないじゃん？　……そこで考えた方法がズバリ、『借金のカタ』大作戦！　そう、彼に借金して、でも期限までに返せなくて……ああ、仕方なくカラダで返します！　……ってやつ。ね、これならある程度、自分にも周りにも言い訳が立つと思わない？

で、早速、私は作戦決行！

理由をつけてAくんに三万円を借り、でももちろん、返済期限の一週間後には返せるわけもなく（つーか返す気もなく）、「ああ、いいですよ、もう一週間待ちますから」って言う彼を無理やりねじ伏せ、

「ううん、それじゃあ申し訳なくって私の気が済まない！　せめて利息分だけでも私のカラダで払わせて！」

とか言って、まんまと彼とホテルへしけこんじゃったっていう次第。

さあ、ホテルの部屋で、私が先にシャワーを使い、裸でシーツにくるまってベッドの上にいると、あとからシャワーを浴びた彼が濡れた体をバスタオルで拭き拭き、出てきて……私は、前評判どおりのその姿に目がくぎ付けになっちゃった！

たっぷりの脂肪に覆われて、ブクブクに太ったそのみっともない巨体ではあるけど、

ボンレスハムのような太腿の間からぶら下がったアレは、まだ平常時だというのに優に長さ十四～十五センチあり、太さもたっぷり四センチ超……ええっ、これって勃起したら、いったいどんだけすごいイチモツになっちゃうの～⁉

みたいな。

そんなバケモノみたいなチ○ポ、私の中に入るかなあ？　という恐怖心半分。

オマ○コ、いったいどんだけ気持ちいいんだろ？　という昂りまくる期待半分。

そんな状態の私に対してAくんは、

「ほんとうに……吉村さんみたいな素敵な子、僕の好きにしちゃっていいの？　こんなすばらしい裸、僕、ナマで見るの初めてだよ……」

と、遠慮気味な物言いながら、その目は興奮でギラつき、ハァハァと息は荒くなって……私が「もちろん」と答えると、その巨体で私にのしかかってきた。そして、グローブみたいな手で私のオッパイを摑みながら、それとは裏腹な繊細な指使いで乳房を揉みしだき、乳首をコリコリと巧みにいじくってきて。

「……ん、んんっ……あ、はぁ……」

なるほど、こりゃなかなかのテクニシャンぶり……意外性があっていいなあ……私はそんなふうに悦びながら、彼の股間に手を伸ばしていく。そしてその先に触れたソレは……うっわあ！　残念なのか、ホッとするべきなのかちょっと複雑だけど、それほど膨張率が高くないAくんのチ○ポは、最初に想像したほど巨大には勃起してなかったけど、それでも全長二十センチ近く、直径も六センチはあって、もう十分すぎるほどご立派な代物だった。

「ああ、Aくん……これ、すごいわ……こんなの私、初めて見た！」

私はぐんぐん昂ってくる情欲のままにそのビッグな肉棒にむしゃぶりつき、本当にたくましい男性の手首ほどもあろうかという威容を一心不乱に舐めむさぼり、吸いしゃぶった。そうしながら、どうしようもないほど自分のアソコが熱く疼き、あられもなく汁気を含んでいくのがわかる。

「……はぁ、はぁ、ぁあ……Aくん、わ、私もうガマンできない！　このとてつもなくおっきくて硬いオチン○ン、早くオマ○コに入れて！　ねえ、早くぅ！」

私は彼のチ○ポを握りしめながら、恥も外聞もなくそう懇願し、上目遣いに訴えつつ、ますます激しくしゃぶりたてる。

「はぁはぁはぁ……ぼ、僕も、吉村さんの中に入れたくてたまらない！　よし、いくよ……ほ、本当にナマで入れていいの？」

「うん、いいの！　ピル呑んでるから大丈夫だから……ナマで入れてぇっ！」

彼は納得したようにうなずくと、あえて自分は仰向けに寝そべって、その上に私をまたがらせた。そして例のごつい手で私の腰を左右からしっかりと摑んで、完全に制御しながら濡れマ○コに下から巨大勃起チ○ポを突っ込んできて……！

「アアッ、ア……ひあっ！　あん、アァ、んあァァアッ……！」

もう、その恐ろしいまでの肉の圧迫感と、巧みなリズムと強弱のピストン・テクニックは圧倒的だった。私の性感はいいように彼に翻弄され、次から次へと襲いかかってくるカイカンの嵐に、ただただ呑み込まれていくばかり……。

「ああ……よ、吉村さん、僕、もうイキそうだけど……あ、ああ……」

「あ、ああん！　私も……私もイクッ……あひ、ひ……イク〜〜〜ッ！」

「……んぐっ、う……んあぁぁっ……！」

私は、下から奔流のように噴き上げてくるAくんのザーメンを胎内で感じながら、かつて感じたことのない最上のオーガズムに達しちゃってた。

う〜ん、こりゃマジすごいわ。まだまだ借金返済するわけにはいかないなあ。もっともっと楽しませてもらわないと……そう思いながら。

■私は君子さんに唇をふさがれ、舌を吸われて唾液を啜り上げられながら……

社宅妻たちの淫らで哀しい性宴の虜となった歓迎会の夜

投稿者　緑川あさひ（仮名）／31歳／専業主婦

夫の急な転勤が決まり、私も長年住み慣れた東京から遠く離れた、関西の地での社宅生活を始めることになりました。

最初、夫の出世や評価にも影響するという、社宅での奥様づきあいに恐れをなし、日々戦々恐々としながら、神経の磨り減るような毎日を送っていたのですが、それは杞憂のようでした。

この社宅は一フロアに四世帯が入居していて、概ね何をするにもこの四世帯での話し合いや活動が基本となるのですが、まだ私と夫が入居して間もない十日目頃、その中のリーダー格ともいえる部長夫人の君子さん（四十二歳）が、こう言って声をかけてきてくれたんです。

「緑川さん……あ、下の名前で、あさひさんって呼んでもいい？　うん、気楽にいきましょ？　私のことも君子さんでいいから」

「あ、はい……わかりました、君子さん」

「あさひさんのとこも、もうここに来て十日くらいよね？　もう慣れた？」

「え、ええ……皆さん、やさしくしてくださるので……」

「あはは、またまたぁ！　まだまだ緊張して皆とまともに話しもできないくせに、そんな気を遣わなくたってていいわよ」

君子さんは、私の杓子定規なセリフを鼻で笑うようにいなしながら、言いました。

「何せ、あなたからしてみれば、うちら皆、ご主人の上司の妻だからねえ……下手なこと言ってダンナの出世に影響したりしたらどうしようって気にして、そりゃとてもじゃないけどリラックスして話せないのは、いやでもわかるわあ」

「……は、はあ……」

「だからね、そんなあさひさんと少しでも早く打ち解けて、自然体で仲良くやっていくために、あなたの歓迎会をやろうと思うのよ。どう？」

「ええっ、そ、そんな……申し訳ないです、私なんかのためにわざわざ……」

「いいのよ、いいのよ！　ほんと、皆やさしくて気のいい連中なんだから！　美味しいもの食べて、飲んで、楽しく盛り上がって仲良くなりましょ！　ね？」

というわけで、その週末の夜、君子さん宅で私の歓迎会が開かれることになったのです。メンバーは、部長夫人の君子さんを筆頭に、課長夫人の沙織さん（三十六歳）、係長夫人の真紀さん（三十四歳）の三人、そして私でした。

しかもその週末の土日は、各夫たちも会社の懇親ゴルフ大会があるということで泊まりがけで不在で、女たちだけで気にせず無礼講という話でした。

「それはよかったじゃないか。皆さんに可愛がってもらって、気に入られて……俺のためにも内助の功してくれよな、奥さん！」

夫は人の気も知らないで冗談めかしてそんなことを言い、私はまた改めてプレッシャーと、社宅妻としての責任感を感じてしまうのでした。

そして当日の土曜日、朝早くに夫たちをチャーターした観光バスでゴルフ場に送りだしたあと、あれこれと家事を片付け終えた夕方六時すぎ、私は手土産のまあまあ高級なワインを一本携え、君子さん宅を訪ねました。私もいろいろ準備を手伝わせてくださいと言ったのですが、「あなたはお客さんだから」と拒否られてしまったのです。

「じゃあ、あさひさんとの末長い友好と、皆の健康を祈って……かんぱーい！」

「かんぱーい！」

君子さんが乾杯の音頭を取り、用意されたビールや私が持参したワインを飲みながら、美味しそうなケータリングを囲んでの宴が始まりました。

私も最初のうちこそまだまだ緊張していましたが、その後適度にアルコールが入り、気分も大きく軽くなっていくと、どんどんリラックスして皆との会話が弾んでいきました。それはもう楽しくて楽しくて……あっという間に二時間ほどが経ち、皆、いい加減飲み食いして、おしゃべりし合ったので、一旦小休止という感じになりました。と、私がソファに寄りかかってウトウトしかかった、そのときのことでした。

つぶった眼の上を何かの影が覆うのを感じ、ふと目を開けてみると、すぐ目の前に君子さんの顔があったのです。私の顔との間の距離は十センチほどしかありません。

「……えっ……？」

驚いた私が思わず身を起こそうとすると、その体を押さえつけられ、そして次の瞬間、思いもよらないことが起こりました。

なんと君子さんの唇が、キスで私の唇をふさいできたのです。

「……んっ、んぐふ、うぶ……ん、んんんっ……」

私はうろたえてしまい、体を必死でもがかせて身を離そうとしましたが、それは無駄な抵抗でした。だって、君子さんのみならず、他の二人……早織さんと真紀さんも一緒になって私の上にのしかかり、体を押さえつけていたのですから。

「ああ、やっぱり若いっていいわ。ほら、オッパイもはち切れんばかりにツンと上を向いて、ピチピチにみなぎってる！」

「ええ、ほんとにそうね……この太腿もムチムチでスベスベ！　たまらなくおいしそうよっ！」

「……んっ、ううっ……んぐふ、くぅぅぅ……！」

相変わらず私は君子さんに唇をふさがれ、舌を吸われて唾液をジュルジュルと啜り上げられながら、二人がかりで私の服を脱がしつつ、あぁだこうだ好き勝手なことを言ってる早織さんと真紀さんのやりとりを聞いていました。

（ええっ？　こ、この人たち、何言ってるの？　オッパイがどうした、太腿がどうしたって……ま、まさか……レズビアン⁉）

「ねえ、見て見てっ！　あさひさんも、乳首ビンビンに勃起してまんざらじゃないみたいよ！　もっともっと可愛がってあげなきゃ！」

早織さんがいたく嬉しそうにそう言い、私の乳首にしゃぶりつくと、チュルチュルと舐め転がしてきました。

「……んんっ……！　は、あぁあぁぁぁ～～～～っ！」

私もとうとうたまらず、君子さんから唇を引き剝がすと、ほとばしるままに喜悦のよがり声をあげてしまいました。

今や完全に全裸に剝かれてしまった私は、君子さん、沙織さん、真紀さんの手にかかって全身の敏感な部分をもてあそばれながら、これでもかと性感を刺激されてしまっていたのです。

「ああ、ほんと、あさひさんのカラダ、若くて瑞々しくて……たまらなくおいしいわあ！　ほら、ここも信じられないくらい滴ってるわよ！　いま舐め尽くしてあげるからねっ……ンジュルルルルッ！」

「んあっ、あひ……んひぃぃぃぃ〜〜〜〜〜〜っ！」

凄まじい勢いで股間を吸われながら、私の目は今や三人そろって一糸まとわぬ痴態をさらしている、上司の妻たちの熟れた肉体に吸い寄せられていました。

（あ、ああん……皆、なんてエッチなのぉ？　誰もが年齢を感じさせないエロスに満ちてて……もっともっと愛し合いたいわぁ〜〜〜）

私のテンションも未だかつてない昂りを見せ、今や抵抗を感じるどころか、完全に女同士の欲望とプレイの虜と化していました。

最初は責められる一方の私でしたが、そのうち自分でも皆のことを愛したくてたまらなくなり、すすんでカラダをまとわりつかせていくと、君子さんの乳房を啜り、沙織さんのアソコを搔き回し、真紀さんのアナルをねぶり回して……貪欲なセックス・

ハンターと化していました。

「ああっ、いい、いいのぉ……んああっ！」

「あ、ああっ……アタシももう、イッちゃうっ……！」

「あん、あん、あん……イクイクッ！　んあぁっ！」

そうやって、女四人の淫らすぎる性宴は夜中の三時すぎまで続きました。そしてそれは翌朝、皆が目を覚ましたあともまたお昼頃まで続けられたのでした。

考えてみれば、四人とも子供のいない女同士でした。

子供を産んでいないからこそカラダの線も崩れず魅力的で……でも、一方でこの先も得ることのできない母親になる喜びの代償として、ピュアで哀しい愛を育んでいくのかもしれません……。

■毒蛇のように凶暴に鎌首をもたげた巨根が、あたしの肉裂を穿って突き入れられ……

待望のレイプ快感の神髄を味わった最高の夜

投稿者　立浪優奈（仮名）／25歳／フィットネス・インストラクター

大きな声では言えないけど、あたし、昔っからレイプされたい願望があるんです。

目覚めた最初のきっかけは、母が読んでたレディースコミックだったかなあ。

今からもう二十年ぐらい前、母が買ってきて読んだあと、部屋の隅に無造作に放り出されていたその雑誌を、「あ、マンガだー」ってウキウキしながら隠れて中身を見たはいいものの、それがとんでもなく激しいエロ描写の官能劇画で、どえらいショックを受けちゃったんです。

それは、ひとりの人妻らしき女性が夜道を歩いているとき、突然現れた暴漢に襲われレイプされるというもので、彼女も最初は「いや、いや、やめて！」って言って抵抗するんだけど、無理やり犯されているうちにその被虐の快感に目覚めてイッてしまい、以来そのときのことが忘れられず普通のセックスでは感じることができなくなり、夜な夜なまた誰かに襲われることを期待して、自分から夜道をさまようようになっちゃうんです。

いやもう、その激しい描写のあれこれが脳裏にこびりついて離れなくて、その日の夜、あたしはベッドに入っても眠れず、体の奥底から湧き上がってくるどうにも言いようのない熱い昂りに抗えなくて、まだ毛も生えていないツルツルのアソコをいじくってしまったという……なんと五歳にして人生初オナニー体験でした。

これを皮切りに、その後ものごころついてからも、オナニーのオカズはレイプもののコミックや小説、ＡＶばっかり……つきあったカレシとエッチするときも、「ねえ、お願いだからレイプするみたいに、無理やり激しく犯して」って懇願したりして。

でも、しょせん、ニセモノはダメなんですよね。

コミックも小説も作り物だし、カレシとのエッチだってあくまで気分だけのプレイにすぎないし。当然、ホンモノの緊張感なんてありゃしない。

ひょっとしたら、まだマンガの中の話と現実との区別がついていない五歳のあの日、熱々の本能的衝撃に促されるままに自らいじくってしまった快感と興奮を超えるものはないんじゃないかな……そう思ってしまうくらい。

そんなわけで、あのマンガの中の主人公じゃないけど、あたしもいつしか『レイプされたい願望』を胸に秘めながら、わざとひとけのない夜道やヤバげな場所をうろつくようになっちゃったんです。

そりゃカラダには自信がありますよお。なにせ仕事がフィットネス・インストラクターですから、ムダなぜい肉はいっさいナシ。筋肉質にならないギリギリのところでバストラインを美しく豊かに整え、ウエストのくびれもヒップの張りもばっちり！　さあ、このおいしそうなカラダ、いつでも犯してよ！　っていう気迫（？）満々、かつヘソ出しのピチピチウェアに超ミニスカートっていう、明らかに露出過多な格好で、ムラムラしながら徘徊して……なのに、皮肉なことに、これがなかなか襲ってくれる獲物がかからないんですよねえ（あ、ほんとの獲物はあたしのほうか。笑）。

でも、とうとう、つい一ヶ月ほど前、待望のレイプ体験をすることに成功したんです！　やったー！

それはまだ残暑の名残のある、むし暑い夜十一時頃のことでした。

あたしは例のフェロモン&露出ぷんぷんの格好で、家の近所の河原の土手道を歩いてたんです。小さなバッグを肩にかけ、いかにも仕事で帰りが遅くなって仕方なく、近道であるウラ淋しい土手道を急いでます、っていう体で。

と、背後からザッ、ザッ、ザッっていう、走る足音が近づいてきて、一瞬ドキッ。

でも、夜中のジョギング愛好家なんていくらでもいるから、まあ、どうせこれもそうでしょ、と高をくって追い越しをやりすごそう……と、したときのことでした。

あたしはその足音の主にいきなり背後から抱きすくめられると、そのまま軽々と抱え上げられて……相手はそのまま土手の坂を河原へと駆け下っていったんです。もちろん、その間にあたしの口には声をあげることを封じるためのハンカチのようなものが突っ込まれていました。

そんな心配無用なのに（笑）。

ま、仕方ないか。あたしのほうも一応その体を整えないと、あくまで『本気のレイプ』にはなりませんものね。

下に着くと、相手はあたしを草むらに押し倒し、その上に乗っかってきました。

さっき抱え上げられたときにある程度はわかりましたが、やはりこうしてもろに重圧をかけられると、そのいかついガタイのよさがよくわかります。

これこれ！　逆らいようのないたくましい筋肉を持つ相手に有無を言わさず組み敷かれ、圧倒的な力で犯される！　これぞ理想的レイプ・シチュエーションでしょう！

「はぁはぁはぁ……ねえちゃん、よくこの道通ってるの見かけるけど、マジいいカラダしてんなあ……たまんねえよ！」

反対側の土手下沿いに走る道路脇に立っている街灯のおかげで、うっすらと顔は見えるものの、その声の張りでようやく相手が三十くらいの男性であることの見当がつけられました。うふふ、この若さなら、思いっきりパワフルにレイプしてくれそう。

わたしがそう期待に胸を膨らませていると、服が乱暴にむしり取られて、剝き出しになったその胸肉……もといナマ乳が、力強い手で鷲掴まれ、グニグニ、ムギュムギュと揉みしだかれ、同時にチュウチュウと乳首を吸われました。

それはもうたまらない力感と圧迫感！

この容赦のない乱暴さこそレイプの醍醐味です！

「……んんっ、んぐぅ……んっ、んっ、んっうぅ……」

「じゅぶっ、ちゅぱっ、ぬぶ……ああ、適度に汗かいて、そのしょっぱさがまた美味えっ！　揉み応えもいいし、最高のオッパイだぜ！」

ああん、そんなすてきなこと言ってくれちゃってえっ！

サイコーにゾクゾク感じちゃうじゃないのおっ！

あ、いかん、いかん！

ここで手綱引き締めてちゃんと『やられてる感』出さないと、へたにいい反応して和姦っぽくなっちゃうと、向こうも気が抜けて醍醐味半減だわ！

「んんんん～～っ！　んっ、んんっ！　んぐ、ぐうぅっ！」

私はあえて抵抗し、けっこう強めに相手の脇腹を膝で蹴ってやりました。もちろん、その分厚い筋肉のヨロイでほとんど効きやしないのは計算の上です。

「おおっ⁉　このクソあまがぁっ！　ふざけた真似しやがってえっ！　そんなの痛くもかゆくもねえんだよ！」

案の定、相手はそう言ってうそぶくと、上体を起こして私のお腹の上あたりで馬乗りになると、バッと上半身裸になりそのたくましい肉体をさらけ出しました。そしてすごい乱暴に私の下半身も裸に剝いてしまうと、いよいよ自分もハーフパンツを脱ぎ捨てました。がっしりした太腿と共に黒々と勃起した肉棒が露わになります。

ううっ……す、すごい巨根！　あたしの、裂けちゃわないかなあ？

あたしは一瞬不安にとらわれましたが、そんな気持ちもすぐに昂る興奮にとって代わられました。毒蛇のように凶暴に鎌首をもたげた巨根が、あたしの肉裂を穿って強引に突き入れられてきたんです。

「……っ、んぐふ、ふう、んぐぅぅ～～～～～～っ！」

「おおう、すげえ！　ヌルヌルからみつくぅ～～～っ！　こりゃたまらねえオマ〇コだあ！　いいぞいいぞ、もっともっと犯しまくってやる！」

凶悪な欲望を剝き出しにした相手は際限なく乱暴度を増し、あたしのカラダが壊れんばかりの勢いで激しく腰を打ちつけ、肉塊を打ち込んできました。

「んひっ、ひっ、んぐっ……ううう、んぐぅっ……！」

「あああ～～～～っ、いいぜ、くそっ！　ほんとたまんねっ！　もう限界っ！　覚悟しろよ、たっぷり中出ししてやるからなっ……おらおらおら～～～～っ！」

相手の腰の掘削具合がとんでもなく速く激しくなり、あたしは奥の奥まで強烈にえぐり犯されて……最後にすごい官能の高波がやってきました。

「……んん、んあぁっ……あああぁ～～～～～～～～～～っ！」

あたしはとんでもない量の精液を胎内に吐き出され、そのあまりにもエグイ気持ちよさに、ビクビクと背をのけ反らせて絶頂に達し、なんと失神してしまったんです。

その日はあたしのサイクル的には安全日なので、まさか妊娠するようなことはないと思いますが、いやはや、最高のレイプ快感が味わえた夜でした。

う～ん、こりゃクセになっちゃいそうだなあ。

あたしって、ちょっとヤバイですか？

■激しい息遣いとともに、彼の腰遣いも見る見る速く、深くなっていって……

初対面の夫の新上司に欲求不満の肉体を深々と貫かれて

投稿者　佐伯奈々（仮名）／36歳／専業主婦

深夜十二時近く。

ピンポーンと玄関のチャイムが鳴ったけど、夫は中に入って来なかった。

「はあっ、ようやくのご帰還ね……てか、鍵持ってるんだから自分で開けて入って来ればいいのに……こっちからダンナ様をお出迎えしろってか？」

そうトゲトゲしく独り言ちながら玄関へ向かい、ドアを開けた私だったけど、そこにいたのは夫だけではなく、私は驚いてしまった。

「すみません。ご主人、一人では歩けないぐらい酔っぱらってしまわれたようで……なんとか住所を聞き出して一緒にお連れしました」

泥酔状態の夫の体を支えながらそう言ったのは、夫よりもだいぶ上の五十歳近くに見えるスーツ姿の男性だった。

「あーっ！　とんだお手数かけて、ほんと申し訳ないです！　ありがとうございます！」

私は慌ててそう言い、夫の靴を脱がすと、彼に室内へ連れて入ってもらった。小太りの夫と違って細身の体型の彼だったけど、意外にも軽々とリビングのソファまで夫を運ぶと、静かにそこへ横たえてくれた。

その間、まったく目を覚ますことなく、だらしなく酔いつぶれている夫……ここ最近ずっと感じている夫への不平不満が、さらに倍増する気分だった。

いや、今そんなこと思ってる場合じゃない。

親切に夫をここまで連れて帰ってくれた、この初対面の男性にちゃんと対応しなくちゃ！　私は改めて彼に向き直ると、こう言った。

「この人、ムダに重いから大変でしたよね？　今お茶入れますから、ソファに座ってちょっとお待ちください……ところで、初めてお会いしますよね？」

すると、思いがけない答えが……！

「あ、これは失礼しました。私、高木といいます。今日からご主人の部署を預からせていただくことになりました」

「え！　まさかあなたが新任の部長さん⁉　夫から、今日、部長さんをはじめ何人かの新規異動社員の歓迎会があるから遅くなるっていうのは聞いてましたけど……こちらこそしょっぱなからご迷惑おかけしちゃってスミマセン！」

　大恐縮する私に対して、高木さんはあくまで穏やかでやさしい笑みを絶やさず、私が差し出したお茶を口にしながら言った。

「いやいや、今日ぐらいは無礼講ということで……気にしてませんよ。それどころか実は、ご主人とは今日いろいろ話させてもらって、とっても楽しくて……そして興味深かったんですよ」

「……え？　興味深い……って？」

　その言葉が引っかかって思わず私がそう訊ねると、高木さんの笑みが、さっきまでの穏やかなものから、妙に隠微なものに変わって……。

「いや、かなり酩酊した彼が言うには、最近、仕事のプレッシャーのせいかすっかりＥＤ状態で、妻を悦ばせてやりたいと思っても、アレが役に立たないんだって」

　ということを彼は話しだし、私は驚き、言葉も出なかった。

「でね、私は思ったわけですよ。そりゃ仕事の他にも、奥さんに魅力がないせいなんじゃないかってね……」

　私はえも言われぬ恥ずかしさに、顔から火が出るような心地でうつむいてしまったけど、次の高木さんの言葉で、思わずハッとして顔を上げていた。

「……でも違った……なんだ、べらぼうに魅力的な、チョーいい女じゃないか！」

そしてなんと彼は、いきなり私の体をものすごい力で抱きすくめると、激しく唇を吸ってきて……！

「……んぐっ、ふぅ……うぅ、うぐ、んふぅ……！」

私は必死で体をもがかせて抵抗しようとしたのだけど、彼の万力のような締め付けにまったく歯が立たず、舌をからめてジュルジュルと唾液を吸り上げられるうちに頭の芯が痺れたようになってしまい……さらに乳房を、お尻を、太腿をまさぐられ続けて、カラダの奥底から狂おしいまでの悲鳴をあげていた。

ああ、荒々しいまでのこのオトコの力強さ！

アタシ、これが欲しかった……これをずっと待っていたのよ……！

そう、さっき高木さんの話にもあったように、いろいろ抱えている夫への不平不満の中でもっとも大きいのが、セックスレスだったから。

私は、久方ぶりに味わう力強い愛撫の快感に全身をとろけさせながら、すっかり全身が脱力してしまうのを感じていた。

私のその様子から、もう抵抗する意思がないのを感じとったのか、高木さんは腕力による全身の縛めを解き、代わりに私の服を一枚、一枚と脱がせていった。そして私を全裸に剝くと、続いて自分もスーツを脱いで裸になって。

その肉体は年齢のわりに驚くほど無駄なく引き締まっていて、私は思わず横でだらしなく寝そべる、みっともない夫と見比べてしまった。

そして、その股間で隆々とそそり立つ、見事なまでの男根の雄姿といったら！

「ほんと、もったいないなあ……こんないい女、抱いてやれないなんて……いや、部下の至らなさは上司である私の責任です。私がご主人の分まで何倍も奥さんを悦ばせて差し上げますよ！」

髙木さんはそう高らかに宣言するように言うと、私の裸の乳房にむしゃぶりつき、乳肉を鷲摑んで揉みしだきつつ、乳首を吸いしゃぶりながら、もう濡れ始めている股間を指で愛撫してきた。

ピンと大きく膨らんだクリ豆をヌチュヌチュ、コリコリとこねくり回され、乱れた肉ひだをグチュグチュと掻き回され、その奥までズブズブと抜き差しされて……。

「んあっ！　はあっ！　……ああん、あ、あはぁっ……あうぅ……」

これが欲しかったんだろ？　といわんばかりに、待望の快感が次々と私の性感を揺さぶり、カラダの芯まで昂らせていく。

私はもう、雄々しい彼の男根をしゃぶりたくて仕方なくなってた。

体を入れ替えて彼をソファに座らせると、その両脚の間にひざまずいて一心不乱にフェラを始める。手で玉袋を揉み転がしながら、大きく張り詰めた亀頭をデカい飴玉をしゃぶるかのように舐め回し、熱く固い肉竿にからみつくように舌を這わせて。

「ああ、奥さんのその美味しそうにしゃぶる表情、ほんとにこのときを待ってたんだなあっていう恍惚感に溢れてて、ほんとエロいですよ……ああ、私のほうもいよいよたまらなくなってきた……」

高木さんはそう言うとすっくと立ち上がり、再び私の体をソファに横たえると上から覆いかぶさってきた。そして同時に男根で深々と女陰を突き貫いてきて！

「んああぁ、ああ！　あはぁっ……いい！　固くてサイコー！」

「ううっ……奥さんの中も、何千匹ものミミズみたいにヌルヌルとからみついてきて、サイコーにいいキモチだぁ！　はっ、はっ、はっ……！」

激しい息遣いとともに、彼の腰遣いも見る見る速く、深くなっていって……！

「んくぅ……奥さん、くぅっ……も、もう出そうだ……っ！」

「んあっ、あっ、私もイクわっ……あぁん、あ、あぅ……お、お願い、外に……外に出してっ……！」

「……了解っ！　うっ、う、うぐぅ……！」

ひときわ大きな呻き声とともに男根を引き抜くと、高木さんはドピュドピュと私のおへその周囲に大量の精液を放ち、まき散らした。

「あ、あぁぁ～～～～～～～～～～～～っ！」

そして私は、もうかれこれ三ヶ月ぶりに味わう、最高のオーガズムに呑み込まれていって………。

ときはすでにもう夜中の二時すぎ。

結局、泥酔状態の夫が一度も目を覚まさないまま、高木さんはタクシーで帰るからと、こう言い残して去っていった。

「これから新上司として、ご主人になるべくストレスやプレッシャーを与えないよう努めるつもりですが、それでもまだ夫婦間の状況が改善されないようであれば……いつでも言ってください。私はいつでも奥さんを満足させるためにやって来ますよ」

夫はいい上司に恵まれて幸せだなあ。

あ、私もか！

■私は純くんのペニスを咥えて無我夢中でしゃぶり、同時に涼太の激しい突き入れを……

衝撃的快感に満ちた凌辱3P卒業旅行の一夜

投稿者　三谷萌（仮名）／22歳／大学生

それは、単位もめでたくすべてとれて就職も決まり、すっかりお気楽開放モード全開で浮ついていた、つい春先のこと。とはいうものの、感染症の問題もあって海外へパーッと卒業旅行！　なんていうわけにもいかず、悶々としたストレスとジレンマを抱えて、どうにもつまんない日々だった。

そんなとき、つきあってる同じ大学の涼太が、一泊二日でドライブ旅行に行こうと誘ってきた。涼太のことはまあそれなりに好きだけど、正直結婚相手としては全然考えてなくて。これから社会人になりお互いに何かと忙しくなっていくと、きっと自然消滅していくんだろうな……みたいな思いもあったので、そんな彼との思い出づくり的感覚で、ＯＫしてあげたわけ。ちょっとはハメを外したかったしね。

ところが当日、待ち合わせ場所へ迎えに来た涼太のミニクーパー（実は彼、まあまあのボンボン）の車内を見て、びっくりした。見たこともない男が乗っていたから。

「あ、こいつ、純っていって俺のゼミ仲間。なんかメンバーいっぱいいたほうが楽しいかなって思って誘っちゃった。まずかった？」

悪びれもせずそう言う涼太に対して、当然普通なら「ふざけるなっ！」ってブチギれて帰っちゃうとこなんだろうけど、私はそうはしなかった。

なぜってこの純くんが、めちゃくちゃイケメンだったから。

「えーっ……うーん、まあ、だめじゃないけど……突然だったから驚いちゃった」

「わりぃ、わりぃ。まあ、こいつ、いいヤツだから勘弁してよ」

「すみません、モエさん。いきなりお邪魔しちゃって」

「ああ、いえ。涼太って時々そういうとこあるから……こっちこそごめんなさいね」

というかんじで、結局だんだん和気あいあいとした雰囲気になって、私たち三人は目的地の湘南方面に向かって出発した。

昼過ぎに到着し、江の島でシラス丼とか食べて、エスカーに乗って江の島神社にお参りしたり、あと、長谷寺とか鎌倉の大仏とか、界隈の有名どころを巡って……すっかり観光気分を満喫した私たちは、夕方の六時すぎにホテルにチェックインした。

それから温泉に浸かって疲れを癒し、三人で大食堂へ行ってバイキングの夕食を食べた。涼太に勧められるままに、それなりにビールも飲んで。私、飲むのは好きなんだけど、そのわりにあんまりアルコールに強いほうじゃないから、ちょっと酔っぱらっちゃって……九時頃、部屋に戻ったときは、もうすぐにでもお布団に潜り込みたいかんじだった。

「なんだ、モエ、もうバタンキューか？　だらしないなあ……まあ、しょうがない、じゃあ皆、もう寝ようか！」

涼太が言い、押し入れから布団を出して和室に床を並べ始めた。

でもそこで、私はぼんやりした頭でも、「あれ？」と思った。

この部屋は六畳の和室と四畳半ぐらいの洋室の二間があって、私はてっきり純くんは一人で洋室のベッドのほうで寝るものとばかり思っていたのだけど、なぜか彼もいっしょになって自分の床を並べ始めて……。

私は先に布団の上に突っ伏しながら、

「え……まさか、三人ともここで寝るの？　ねえ、やだよ、そんなの……」

と、動揺も露わに訴えたのだけど、涼太から返ってきた言葉は衝撃的だった。

「今更もう遅いって。だってこの旅行の本当の目的は、モエをヤリまくることだもん。あ、ちなみに純はそのアシスタントね。モエが暴れないように手足を押さえたりしてさ。それにしてもおまえ、ほんと節操のない面食いだな。案の定、純の顔につられて同行をＯＫしちゃってさ。思うツボだったぜ」

すごい悪そうな笑みを浮かべながらそう言う涼太を手伝って、純くんのほうは無表情で黙々と私の浴衣を脱がしていく。

「え、な、なんでそんなこと……？」

「だっておまえ、卒業したら俺のことさっさと捨てるつもりだろ？　お見通しなんだよ、ばか女！　俺のことはセフレ扱いか？　ふざけるな、こっちは本気だっていうのによ……あんまり悔しいもんだから、最後に思いっきり犯しまくってやろうと思ってさ。あ、ちなみに純は俺にけっこう借りがあるもんだから、逆らえないわけよ」

えっ！　というかんじで純くんのほうを窺うと、彼は申し訳なさそうに、かすかにニヤッと笑った。

「わかったか？　わかったらせいぜいおとなしくヤられまくるんだな。でもまあ、とりあえず大声出せないように、念のため口にタオルは噛ますか」

うぐぐ、と涼太に口をふさがれて声を封じられ……二人の男による、凌辱の宴が始まってしまった。

私を全裸にしたあと、彼らも浴衣を脱ぎはだけた。

もちろん、涼太のカラダは見慣れていたけど、意外だったのは純くんのほう……着やせするタイプっていうのか、かなりたくましい細マッチョで、あとから聞いたところでは、中・高とレスリングをやっていたらしい。まさに涼太にとっては、これ以上ない頼もしい助太刀だったわけだ。

純くんはその力強い両腕でもって背後から私を羽交い絞めにし、前方から涼太が迫り……私の両脚を左右に大きく割って乳房を鷲掴んできた。モニュモニュ、ムギュギュとこれでもかと荒々しく大きく揉み回し、刺激を送り込んでくる。

「んぐっ……んふ、ふぅ……ぐふっ……」

「ああ、ほんと、いつ揉んでも最高の揉み心地だよ。これがもう揉めなくなるなんて……くそっ、くそうっ！」

私の胸を揉みしだきながら、次第に涼太の口調に真剣な悲壮感が漂ってくる。さっきまでは、いやらしく斜に構えたかんじだったのに……本当に私のこと好きだったんだな……可愛さ余って憎さ百倍というところだろうか。

「んぐふ、ふぅ、ぐふっ……んんんっ……」

そんなふうに思うと、なぜか苦痛が次第に気持ちよく感じられてきてしまって……彼の想いを受けての同情？　それとも被虐の快感への目覚め？

「ほら、乳首ビンビンに立ってきた！　それじゃあこっちのほうも……ほら、もうグチョグチョのヌレヌレじゃないか！」

昂ぶった声でそう言う涼太のペニスは、怖いくらいにいきり立っていた。すでにその先端からはじんわりと透明な液が滲み出している。

「くそっ！　今日はナマでやってやるからな！　妊娠したって知ったことか！　俺の濃いのたっぷり、ぶちまけてやる」

「！　んんつ、んぐっ……んんん～～～～～～っ！」

私の必死の抵抗の呻きもむなしく、涼太のペニスが剝き身でヴァギナに突き入れられてきた。ズブズブと深く穿ち、奥へ奥へとえぐりたててくる。

「うくぅ……やっぱサイコーのハメ具合だ……おい、純！　おまえもただ押さえてるだけじゃなく、こいつのオッパイ責めてやれよ！　きっと悦ぶぞ！」

「あ、ああ」

純くんはおずおずとそう言いながら、羽交い絞めにした手先の指を使って私の乳首を摘まみこね、いじり回してきた。涼太の挿入の快感に合わさって、倍増されたエクスタシーが私に襲いかかる。

「んぐっ！　んふっ！　うう……んふ、ふっ、ふっ、ふぅ～～～～～っ！」

「ほら、キモチいいだろっ！　よし、ここまでくればもうタオルもいいだろ。おい、モエ、あんまり叫びすぎるなよな?」

そう言うと涼太は私の口を自由にし、今度は純くんのペニスを咥えるよう命じてきた。確かに、さっきから私のちょうど腰の辺りを背後からツンツンと主張してくる、固くて熱い純くんの存在を感じていた。応じた純くんは私の体を放して、横に立ち膝の姿勢になると、口元に勃起したペニスを当てがってきた。

もう私に抵抗の意思などなかった。

純くんのペニスを咥えて無我夢中でしゃぶり、同時に涼太の激しい突き入れを全身で受け止めて……上下を同時に犯される興奮と快感に、淫らに打ち震えていた。

結局、いったい私は何度イッたことだろう?

一晩中、交互に二人の精液を浴び、胎内で飲み込んで……いつの間にか意識を失い、目覚めたときは、もう窓から朝の陽ざしが差し込んでいた。

忘れたくても忘れられない、強烈な卒業の思い出になるのはまちがいないだろう。

第二章　はじめての官能に溺れて

■白くて柔らかい肉球が彼の手で鷲掴まれ、力任せにぐにゃりとひしゃげつぶされ……

小さな会社の応接テーブル上でイキ悶えた枕営業初体験

投稿者　由比亜里沙（仮名）／30歳／保険会社勤務

三歳の子供がいるシングルマザーです。

去年、元夫のギャンブル癖が原因で離婚して、昼間、実家の母に子供を預けて、保険のセールスレディとして働いています。

ただ、色んな保険会社があの手この手で、お客さん獲得に血道を上げている昨今、契約を取るのは生半可なことではなく、特に、生保レディ初心者の私にとっては、まさに至難の業といってもいいでしょう。

でも、子供のこととか、先々のこととか、色々な条件を考えた末に、がんばってみようと決めて始めた仕事ですから、大変だからといってそう簡単にギブアップするわけにはいきません。とにかく、必死でやるしかないんです。

だから、私としては、その必要があるならば、枕営業だって厭いません。

なにしろ、母子二人の生活がかかっているのです。

記念すべき（？）第一歩はこうでした。

私は、若いサラリーマンをターゲットにすべく、小さな会社が色々入っている雑居ビルに狙いを定めました。大企業は言わずもがな、そこそこの規模の会社であれば、とっくに大手の保険会社の猟場となって、顧客獲得の可能性などほとんどありませんが、小さい会社だったら、まだおこぼれに預かれるチャンスがあるかも……先輩からそうアドバイスを受けて、挑んでみることにしたんです。

その雑居ビルには十ほどの会社が入っていましたが、六社を訪問して飛び込み営業をかけても、まだ成果はゼロでした。

（あ～あ、なかなかうまくいかないな～……）

かなり疲弊しながらも、私は気力を奮い起こして、七社目のドアを叩きました。

そこはどうやら小さな出版社のようで、全社員三人という規模。うち二人は外出中で、留守番的な一人が私に対応してくれました。

その人は私と同年代の三十代初めの男性でしたが、これまで回った六社のけんもほろろな対応とは違い、それなりに感じがよかったものですから、とりあえず勝負を懸けてみることにしました。

聞けば、彼はまだ独身ということで、これから先、結婚や育児・教育のことなどを見据えた、そこそこお手頃な保険プランを提示させてもらい、なかなかいい反応を得ることができました。

でも、あと少しというところで、今一歩契約の踏ん切りがつかないようで……でも、彼の態度や言葉の端々に、絶対に自分のことを〝女として〟気に入っているに違いないという手応えを感じていた私は、ついにここで思い切って、禁断の……でも、ある意味、必殺の第一歩を踏み出す決心をしたのです。

「ふ〜、あの……なんだかここ、少し暑くないですか？」

私は彼と机を挟んで向き合いながら、そう言っておもむろにスーツの上着を脱ぎ、ブラウスのボタンを二つ外して胸元を開きました。

私、胸はFカップあって、そうすることでブラの狭間にくっきりと明確な谷間ができることを、ちゃんと自覚していました。

すると、私の思惑どおり、彼の視線が吸い寄せられるように谷間に向けられるのがわかりました。必死に見ないように意識しているようですが、どうしても無意識のうちに目が向いてしまうようで……そのぎこちない感じが、私に勝算を感じさせました。

（よし、これならいける……！）

私はさらに押すべく、攻勢をかけました。

「あ、ここのところ、複雑でちょっとわかりにくいですよね。もっときちんと説明しましょうね」

私は席を立って、彼に何も言わせないままに、対面からすぐ隣りへと場所を移しました。そして、わざと体を密着させながら、

「ええと、これはですね、もしも病気になって働けなくなってしまった場合、その生活補助をするためのですね……」

と、お互いの頬が触れ合わんばかりの距離で、プランの説明（をするフリの枕営業アプローチ）を始めました。

すると、明らかに彼の様子がおかしくなってくるのがわかりました。

顔が真っ赤になって、汗がダラダラと流れ出し、ホットな熱気が全身から発散されてくるのが感じられました。

（よし、ここが押しどころよ……）

そう直感した私は、彼の目を見据えながら、言いました。

「あの……どうされました？　なんだか様子がヘンですけど。どこか具合でも……」

と、すべてを言い終わらないうちに、

「ああっ、もうガマンできないっ……！」

いきなり彼が私を抱きすくめ、キスしてきたんです。

(かかった……!)

私は内心で勝利の快哉を叫びながらも、表面上はさも困惑したような口調で、

「だ、だめです……やめてください! こんなの困ります……」

と、彼の狼藉を詰るように言い、すると彼はまんまと、

「け、契約するから……なんでも君の好きなように! だから、抱かせてくれよ! な、いいだろ? このカラダ……た、たまんない……!」

と自分から言いだし、私もそれをできるだけ自分に有利に持っていくように、

「え……でも、こんなこと、もし会社にばれたら、私……」

「大丈夫! 絶対に秘密にするから! だから……ね?」

商談成立!

私は彼に押し倒されるままに応接テーブルの上に仰向けに寝かされ、すっかり欲望の火の玉となった彼を受け止めました。

ブラウスの前ボタンがすべて外され、引きむしるようにブラが剝ぎ取られました。

プルンと露わに剝き出しになった乳房に、彼がむしゃぶりついてきました。

白くて柔らかい肉球が彼の手で鷲摑まれ、力任せにぐにゃりとひしゃげつぶされ

……そうしながら、さんざん乳首を舐め回され、吸いしゃぶられたあと、彼の怖いくらいにいきり立った肉棒を、アソコに突き立てられました。

正直言うと、離婚からこのかた、セックスから丸一年以上も遠ざかっていた私のカラダは、商売っ気抜きでこの快感に悦びまくっていました。

「あっ、はぁ、ひっ……ああん……！」

喜悦の喘ぎが喉からほとばしり、激しく打ち付けられる彼の腰を、自分から両脚できつく挟んで、もっと、もっとと懇願するように締め上げていました。

「くうっ……もう、もう、で、出るぅ……」

「はぁっ……外で、外で出してぇっ！」

そうして、私は絶頂に達し、彼はドクドクッと私のおへそのあたりに射精しました。

すべては、私が最初にドアをノックしてから、実に一時間足らずの間の出来事でした。彼は約束どおり、なかなか大きな契約を交わしてくれて、私の実績に大いに貢献してくれました。

こうして、その日から、一皮むけた私は、優良生保レディとしての華麗なる（？）道筋を歩み始めたというわけです。

■間近に見る弟の勃起したアレは本当にすごい迫力で、あたしは無我夢中で頬張り……

欲求不満解消に弟の童貞をいただいちゃったあたし！

投稿者　浅野麻衣子（仮名）／22歳／フリーター

世の中の男の人たちって、『欲求不満女』って聞くと、人妻とか、バツイチとか未亡人とか、ある程度年齢のいった女性たちをイメージするんじゃないかと思うんだ。で、逆に十代・二十代の若い女の子は、まだまだ経験も浅くて未開発（？）で、性的に無垢でピュアだろうって思ってるっていう……あはは、そんなわけないじゃんねえ？

まあもちろん個人差はあるだろうけど、十代・二十代だって、一度あのカイカンを覚えちゃって、それがしばらく味わえないなんてことになったら、どうにもムラムラ、ウズウズしちゃって、エッチがしたくて気が狂いそ〜〜っ！　なんて女の子、あたしの知り合いでも腐るほどいるよ。

つーか、現にあたしが一番そーだって話なんだけど（笑）。

あたしとカレシの涼介ってすっごいラブラブで、最低週二、多いときは週四で会ってエッチしちゃうくらいのズブズブの（笑）つきあいなんだけど、それがこの間、会社から言われて、涼介がまるまる一ヶ月間、北海道への長期出張に行かされることになっちゃったのね。よくわかんないけど、向こうの支社のシステムをみっちり一ヶ月かけて見直し、構築し直すんだって。涼介って優秀だから、ちょくちょくそういう面倒な仕事背負わされちゃうんだよねえ、うん。

さあ、そんなわけで、あたしとしてはたまったもんじゃないわけ。

だって今まで、月十五～二十回の割合でやり狂ってたのが、いきなり月ゼロになるんだよ？　信じらんない！　このエッチ・ブランク、とてもじゃないけどオナニーなんかじゃ乗り切れませんって！　マジ！

さて、この大ピンチ、どうしたものか……元カレに連絡して穴埋めエッチしてもらうとか、前からあたしに色目つかってるバイト先の店長をうまく使って飢えをしのぐとか……いろいろ考えたんだけど、やっぱそういうのって浮気感が強くって、どうしても抵抗があるのよねえ。ほら、あたしって意外と貞操観念がちゃんとしてるじゃない？　よその男とやって涼介を裏切りたくないっていう。

と、そこであたし、はたと気がついたのね。

そうか、よその男じゃなきゃいいんだ！　って。

身内なら、この先絶対、まかりまちがっても結婚したりどうのってことないじゃない？　それなら大好きな涼介のこと、裏切ることにはならないなって（この辺、あとでよくよく考えたら、自分でもイミフって思ったけど、まあ細かいことはいいじゃんねえ？）。

それであたし、この大ピンチの代打として、弟の拓馬を使ってやろうって思いついたわけ。拓馬は今十九歳の予備校生なんだけど、中・高の六年間、ずーっとハンドボールばっかかやってたっていうスポーツ馬鹿で、当然ガタイはよくて体力自慢。でも顔もまあまあいけてるのに、女の子に対しては奥手で不器用で……彼女いない歴、十九年っていう、かわいいチェリーボーイなわけ。

で、あたし、実は知ってるんだなあ。

拓馬が、あたしが洗濯物として出しておいたパンティをこっそり持ってってて、それをよからぬことに使ってるってこと。この目でしっかり見ちゃったもの。細く開いたヤツの部屋のドアの隙間から、あたしのパンティをアレに巻き付けてゴシゴシしごいてるとこ……「うっ！」って呻いて、すっごい量の精液ぶちまけてやがんの。もちろんそのときはこっそり見て見ぬふりしたけど、正直、あたしも思いのほかデカい拓馬のアレを見て、かなりドキドキしちゃったのも本当の話。

そう、アレを使わない手はないってこと。

あたしは両親が留守にしていたある夜、リビングでテレビを観ている拓馬にさりげなく近づくと、あたしが例のパンティくすね＆マスかき罪のことを知ってるんだよって教えてやったわ。

いやもう、そのときの弟の顔ったら……『顔面蒼白』って、ああいうのを言うのね。

「ご、ご、ご、ごめんなさい……なんかあのとき、俺、ものすごく溜まっちゃってて、もうどうにもガマンできなくて、それでその……」

今にも泣きそうになりながら謝るのを、あたしは、まあまあって落ち着かせてやって。そして、こう言ったわけ。

「あたしのお願い聞いてくれたら、お父さんにもお母さんにも、誰にも絶対に言わないって約束してあげるわ」

「ほ、ほんとう……？　お願いって……何？」

「あたしとエッチして」

そう言われて、さすがに面白いくらい固まってたけど、さらにあたしに強くダメを押されて、とうとう観念したみたい。

「……わかった。姉ちゃんのいうとおりするよ」

「よしよし、わかればよろしい。じゃあね……はい、オッパイ舐めて！」

あたしはTシャツを頭から脱ぎ、ノーブラの胸をブルンとさらして乳房を拓馬の鼻先に突き付けてやった。すると、ついさっきまであった遠慮と躊躇が、目の前のナマ乳の魅力に吹っ飛んじゃったみたい。

「うわ……姉ちゃんのオッパイ……すげぇでかい……」

鼻息を荒くしながらそう言うと、人が変わったみたいにむしゃぶりついてきたわ。ハンドボールで鍛えたごっつい手のひらで両方の乳房をムニュムニュ揉み回しながら、乳首に吸いつき、夢中でレロレロ舐めしゃぶって。

「……あっ、はぁっ……んあっ、いい……んふぅ……」

この時点でもうすでに、涼介とのエッチから遠ざかって一週間近かったあたしは、その激しくむさぼるような弟の愛撫にたまらなく感じちゃって。

「感じるわあ……んあっ、はぁ、あはぁっ……ああっ！　今度はアソコ、舐めてぇ！」

あたしが声を張り上げてそう言うと、拓馬はあたしのキュロットパンツと下着を引きずり下ろして、股間を剝き出しにした。

「ああ、ね、姉ちゃんのオマ○コだあ……」

「いいよ、いっぱい……オマ○コ、いっぱい舐めてぇっ！」

ンジュブ、ジュルジュル、ジュブブ、ズジュルルル……！

「ああっ、あ、あっ……あああ～～～～～～～っ！」

あたしのアソコはもうびっくりするくらいあられもない音を発して淫汁を溢れ出させ、拓馬の口内に啜り上げられていって……あんもう、アタマおかしくなっちゃうくらい気持ちイイ～～～～～～ッ！

「はぁはぁはぁ……拓馬、あんたも脱いで！　あんたのもしゃぶってあげるから！」

「ええっ、マジ、姉ちゃん⁉　ほんとにいいのかよ？」

「ほら、早くしなさいよ！　気が変わっちゃうよ⁉」

あたしに煽られて拓馬は慌てて裸になると、あたしたちはシックスナインの体勢になってお互いの性器をむさぼり合ったわ。以前のオナニー現場目撃のときとはちがい、間近に見る拓馬の勃起したアレは本当にすごい迫力で、あたしは無我夢中で頬張り、しゃぶりたてて……！

「あうぅ、姉ちゃん、き、気持ちいいよ～～っ……お、おれ、もうたまんないよ～！」

そのギリギリの切羽詰まった状態を察したあたしは、手早く持参したポーチの中からコンドームを取り出すと、拓馬のアレの先端にグイグイと覆いかぶせたわ。そしてそのまま体を仰向けにさせるとまたがり、手を添えて直立させたアレの上にアソコをズブズブと沈めていって……。

「うっあ……あ、ね、姉ちゃんの中、き、気持ちいい～～～～～っ！」

「んあっ、ああ……あんたのも硬くて太くてサイコ～～～～ッ！」

あたしは騎乗位で拓馬の上で腰を振り立て、喰い締め、拓馬も下からあたしのオッパイを揉みしだき上げながら、腰を激しく突き上げてきて！

「ああっ、おれもう……姉ちゃん、出ちゃうよ～～～～～っ！」

「ああ、きて……きてぇっ！　イ、イク～～～～～～ッ！」

「………っ、んぐぅ……！」

いやあ、もう最高のオーガズムだったわあ。弱みを握った交換条件として弟の童貞をいただいちゃった形だけど、拓馬も悦んでたから、これってウインウインよね？

さて、涼介が北海道から帰ってくるまでの間、弟にはあともうちょっと姉のためにがんばってもらうとしますか！

■私がパンティを脱いでとろけたアソコをあらわにすると、Tくんも下半身を……

浮気したカレシへの腹いせに行きずり6Pしちゃった私

投稿者　五月美憂（仮名）／24歳／ショップ店員

その日、私はカレシの亮の浮気の事実を知り、もう大ショックで落ち込んでいました。どうやら相手の子に一方的に猛アタックされ、そのあまりの勢いに負けて仕方なく「一回だけ」という約束でエッチしちゃったらしいのですが……一回も百回も関係あるかー！　ヤッちゃった事実に変わりはないわけで、私はそう簡単に彼を許すことはできませんでした。

で、そんな悲しみ怒る私を慰め元気づけようと、ショップの同僚の二人が飲みに連れていってくれたんです。

彼女たちはフムフムと私の言い分を聞き、

「うんうん、美憂はゼッタイ悪くないよ！」

「そうそう、亮くん、そのうちきっとバチが当たるよ！」

などと言って、目いっぱい盛り立ててくれたおかげで、私もなんとか怒りを鎮め、気を取り直すことができました。

と、そんなときでした。

私たちと同じ三人組の男子たちが声をかけてきたのは。

「彼女たちー、よかったら俺らと一緒に飲まない～？」

「そっちの分まで俺らがおごっちゃうよ～！」

一瞬、顔を見合わせた私たちでしたが、自分らと同じような年代の、大学生だという彼ら、けっこういい感じの子らだったんで、つきあってあげることにしたんです。

正直、私としてはちょっぴり亮に仕返ししたい気持ちもあったりしたし。

それから二時間ばかり皆で楽しく飲んで盛り上がって、夜十時になろうとした頃、

「ねえねえ、俺のマンション、この近所なんだ。これからそこで皆で飲み直さない？」

彼らの一人のSくんが言いだし、するとあとのKくん、Tくんも、

「そうしようよ！　こいつ、こう見えてもけっこう金持ちで、すげー広くて豪華なマンションなんだぜ。ちょっとぐらい騒いでも全然大丈夫だし。ね？」

と、声を揃えて盛り立て始めました。

すると、私と違って現在フリーのこちらの同僚二人も、

「いいじゃん、いいじゃん！　この際、お招きに預かっちゃおうよ、美憂！　パーッ

と騒いで裏切り者のカレシのことなんか吹っ飛ばしちゃおうよ、ね？」

とノリノリで反応しちゃう始末。

さすがに私も、これで彼らについて行ったりしたら、そのあとどういうことになるか大方想像がつくわけで……かなり抵抗がありましたが、結局、自分以外の五人の勢いに押される形で、Sくんのマンションについて行っちゃったんです。

そこは話どおりにゴージャスなマンションで、広々4LDKにバス・トイレの造りも豪華……ここに一人暮らしだなんて、たしかにSくん、かなりのお金持ちの家の子のようです。

そして再び、皆での飲みが始まったものの、それからものの三十分もしないうちに私たちの中をいかがわしい空気が支配し始めました。

夜も深まった密室の中、若く健康、かつ適度にアルコールが入って盛り上がった男女が六人……そんな連中が向かう先は一つしかありません。

すっかり誰も会話しなくなった妖しい静寂の中、チュバチュバ、ジュルジュルという、いかにも淫靡な音が聞こえ始めました。

Sくんと私の同僚のマキが、ねっとりとしたディープキスを交わし始めたんです。

すると負けじと、Kくんともう一人の私の同僚のアヤコも、濃厚に舌をからませ合い始めました。

私を間に挟んで、まるでステレオのように左右からネバッこい淫音が聞こえてきて、否応もなく私のキモチも淫らにザワついてきました。体も、心臓がバクバク高鳴り、全身が熱く火照ってくるのがわかります。

すると、

「なあ美憂ちゃん、俺らも……な？」

残るTくんがにじり寄り、顔を近づけ唇を触れてきました。私の唇を舐め濡らし、そこを割ってヌルリと舌が口内に滑り込んで……私の舌にからみつくと、ヌメヌメとのたくりしゃぶり舐めながら、ジュルジュルと唾液を啜り上げてきました。

「……ん、んふぅ……う、うぐ……ふうっ……」

どうするの、私？　このままいくと自分も亮と同じことをすることになっちゃうよ？　それでもいいの？

ウットリ朦朧としていく意識の中で、私はそう自問自答し、葛藤しましたが、Tくんの手が私のブラウスのボタンを外し前をはだけ、ブラを取って裸の胸に触れてくると、そんなウジウジしたものは、もろくも弾け飛んでしまいました。

「……あ……あふん、んん……んはぁ……」

柔らかい乳肉をニュムニュムと揉みこねられ、ツンと立った小粒でピンク色の乳首をコリコリと摘まみよじられて……そうされながら生温かい舌でレロレロ、チュウチュウと舐め吸われると、もうおかしくなっちゃうかと思うくらい気持ちよくって！

「ああ、美憂ちゃん、とってもかわいいよ……」

Tくんはそう言いながら私の手をとると、ジッパーを下げて前を開いたジーンズの中から引っ張り出したペニスを触らせてきました。ソレはカチカチに固くて熱くて大きくて……私は彼の胸への愛撫にヨガりながらソレをしごき、先端から滲み出してきたヌルヌルする液体で手が濡れていくのがわかりました。

「くうっ……いいよ、美憂ちゃんっ！」

Tくんは呻くように言うと、自分でも私のスカートをめくり上げ、パンティを下ろして剝き出しにしたアソコに指を差し入れてきました。淫らなぬかるみを掻き回すように指がうごめき、もうメチャクチャ気持ちいいっ！

と、ふと周囲を見回すと、もうすでに他の二組とも、完全全裸でからみ合い、ケダモノのようにお互いの肉体をむさぼり合っていました。パンパンパン、ヌジュ、ジュブ、ズプ……と、挿入結合する生々しい淫音が辺りに響き渡り、心なしかむせかえるようなイヤラシイ匂いまで漂っているようです。

もう、私の肉欲テンションもＭＡＸまで上昇していました。

「ねえっ……Ｔくん、きてぇ！」

私がそう言いながら、パンティを脱いでとろけたアソコをあらわにすると、Ｔくんも慌てて下半身をさらけ出しました。

そして極限までいきり立ったペニスが私の中に突っ込まれ、こっちが壊れんばかりの勢いでピストンしてきてっ……！

「ああっ……イイ！　イクイク〜〜〜〜ッ！」

私が達すると同時、まさにドンピシャのタイミングでＴくんも膣外射精しました。

そしてその後、私たちは順番に相手を交換し、結局私はＳくんともＫくんとも一戦ずつを交え、全三戦、疲労困憊しながらも、とことん満足することができたんです。

これで亮とはおあいこ……っていうか、私のほうが罪が重い感じでしょうが、何といっても先にやらかしたのは向こうのほう……私はちょっと申し訳なく思いながらも、謝るつもりなんてないんです。

■みっちりと密生した濡れた肉ひだがペニスにからみつき、きゅうきゅうと締め上げ……

出張先のホテルの若き女社長との激しく濃密な夜

投稿者　船場正之（仮名）／35歳／会社員

世に蔓延していたコロナ禍もようやく落ち着きを見せてきたということで、久しぶりに地方にあるお得意様の企業に、一泊二日でご挨拶兼打ち合わせの出張に行ってきました。この職務自体はつつがなく終えることができたのですが、その夜、思わぬアクシデントに見舞われてしまいました。宿泊する予定だったビジネスホテルで火事が起きて、泊まれなくなってしまったんです。

平日の夜ということでその日の宿泊予定者は十人足らず……ほとんどがすぐに代替のホテルや旅館を手配してもらうことができたのですが、私に限ってなかなか決まらず……結局、思いもしない申し出を、しかもこっそりと打診されたのです。

「当ホテルの社長宅でよろしければ、遠慮なくお泊まりください。もちろん、宿泊代金はけっこうです。あ、いえいえ、領収書はお出ししますよ、はい」

なかなかありがたい申し出でした。宿代がタダになるどころか、実質会社から八千円の出張経費という名の臨時収入をせしめることができるわけですから。

私は喜んで承知し、ホテルからタクシーで十分ほど行ったところにある社長宅に案内されたわけですが……そこにはさらなる嬉しい驚きが待ち受けていました。

そこはまずまず豪勢な造りの邸宅でしたが、私を出迎えてくれた社長は、なんと三十代そこそこの、かなり『イイ女』だったんです。

顔は女優の木村○江を思わせる色気のある和風フェイスで、カラダは全体的に細身ながら出るところは出て、引っ込むところは引っ込んでいる、適度にメリハリの利いたナイス・プロポーションで……ズバリ、もろ私の好みのタイプでした。

「このたびはとんでもないご迷惑をおかけして、まことに申し訳ありませんでした。狭い拙宅で恐縮ですが、どうぞご遠慮なく一晩お過ごしください」

優菜と名乗った女社長は、私の見立て通りにまだ三十四歳という若さで、父親である先代の社長が病気で急逝し、すでに母親も亡くなっていたため、一人娘の彼女が急遽継ぐことになったという話でした。

夕食に高級な仕出し弁当をご馳走になり、ゆっくりと清潔で広いお風呂をいただいて……万全のホスピタリティに満足しながら、夜の十一時頃、私は客間のベッドに横になりました。この上さらにあの美人社長から肉体接待、なんてーのは、さすがに虫のよすぎる話だよな。私は自分の勝手な妄想に苦笑しながら、いつしか心地よく眠りについていました。

その後、尿意を催して目を覚ましました。時計を見ると夜中の二時半頃でした。私は眠い目をこすりつつ、客間のある二階から一階へとトイレに向かい、用を足しました。そしてスッキリして戻ろうとしたところ、何やら妙な音（声）が聞こえてくるのに気づきました。どうやらリビングのあるほうからのようで、見るとまだ明かりが漏れていました。

優菜さん、まだ起きてるんだ。

何気なくそう思った私でしたが、同時に、さっきから聞こえてきている音の異常性に気づきました。

「あ……あ、あん……はぁ、あぁ……ん、んんっ……」

くぐもり、うわずり、とぎれ……えも言われぬ湿り気を帯びたその悩ましい音は、あきらかに優菜さんの喘ぎ声だったのです。私は思わずゴクリと生唾を飲み込むと、足音を忍ばせてその声のするリビングのほうへと近づいていきました。

そして薄く開いたドアの隙間から室内を覗き見ると……私が想像していたとおり、そこには、ソファの上で大股を広げて自身の股間をいじりオナニーしている優菜さんの痴態がありました。テレビモニターには何やら卑猥な画像が映り、そこから優菜さんの耳へとイヤホンがつながっています。

どっと私の身中で興奮が高まり、痛いほどに股間が勃起してきました。私は浴衣の裾を割ってソレに手を添えると、優菜さんの痴態を食い入るように凝視しながら激しくしごき立てていました。

優菜さんのシャツの前もはだけられ、ノーブラの剝き身の白く柔らかそうな乳房が、たわわに実り、揺れ乱れて……うぅっ、たまらんっ！　私はがぜんいきり立ち、フィニッシュに向かってさらに激しくわが身を擦り上げて……と、勢い余って前のめりになりすぎたばかりに、私は前方につんのめった挙句、ドアを押し開けて室内によろめき入ってしまいました。

瞬間、室内の空気が凍り、私と優菜さんは互いの目を見交わしていました。

どちらも声を出すことができません。

あらためて近くで見る彼女のカラダ……豊かで美しい乳房と、白く肉感的な太腿、そして黒々と密生した股間の茂みの間から見える濡れた赤身肉は、本当にエロくてすばらしくて……ますます興奮する私でしたが、はたと一瞬、素に戻り、えっ、これもしかして、俺って通報されちゃう⁉　と血の気がサーッと引きました。が、それは杞憂だったのです。

優菜さんは表情を和らげて笑みを見せると、私に向かって手招きしてくれたんです。私はホッとして、浴衣を脱ぎながら彼女のほうに近づいていきました。そして彼女の座るソファのところまで来たときには、素っ裸になっていて。

「ああ、とってもたくましいのね……」

そうなまめかしく言うと、なんと彼女は私のいきり立ったペニスを手にとり、ゆっくりとしごきながら舌をからめ始めました。真っ赤になってパンパンに張り詰めた亀頭をねぶり回し、おしっこの出る穴をクチュクチュと淫靡にほじくり回し、裏筋を豪快に何度も何度も舐め上げ、舐め下ろして……そして仕上げとばかりにずっぽりと先っぽから咥え込むと、すごい勢いで頭を上下させてしゃぶり倒してきました。

「あ、あう～～～～っ……す、すごい……き、気持ちいいっ！」

私がたまらずそう喘ぎ、今にもイキそうな声音を出すと、いったん優菜さんは口を離し、口もとを唾液と私の先走り汁で妖艶に濡らし光らせながら、こう言いました。

「だめだめ、まだイッちゃだめよ。これからい～っぱい、あたしのこと、感じさせてちょうだい！」

そして自ら服を脱いで全裸になると、私をソファの上に押し倒し、双方の姿勢を上下逆にした格好で覆いかぶさってきました。そのまま再び私のペニスを手にとり、根本をきつく握り締めながらしゃぶり始めると同時に、自分の股間を私の口に押しつけてきました。もちろん、大洪水のように濡れていました。

「んじゅぶ、うぐ、じゅるじゅる、じゅぶぶぶ～～！」

「んあっ、はあっ……じゅぶ、じゅぶぶ……んばっ、あう……ずぶぶ……あ、ああああああ～～～～～～～～～～～っ！」

彼女のほうが私の何倍も官能に飢え、欲望を溜めまくっていたようで、私からの口淫愛戯に感じまくった挙句、次第にフェラの具合はおざなりになっていきました。

「あうん、はぁ、あ、ああ……いい、んあぁぁあぁ～～～～～っ！」

いよいよここが潮時だなと判断した私は、彼女のカラダを自分の上からはねのけてソファに仰向けに押し倒し、正面から覆いかぶさっていきました。そしてこれ以上ないほどギンギンにいきり立ったペニスを彼女の肉門に押し当てると、そのままズブズブと差し入れていきました。みっちりと密生した濡れた肉ひだがペニスにからみつき、きゅうきゅうと締め上げてきて……私はそのたまらない快感に堪えながら、必死に腰を突き動かし、彼女を責め立ててました。

「あっ、ああっ！　あひ、ひぃ……いい、いいわぁ……あん、ああ……もっと、もっと……もっと突いてぇ〜〜〜〜っ！」

私の腰に両脚を巻きつけ、きつく締め上げながら喜悦の絶叫をあげる姿は、まさに官能に飢えた女獣でした。

結局その後、私は三度も精を搾り出され、いつ果てるともしれない彼女のオーガズムの爆発のために、死ぬ気で奉仕させられたのでした。

事後、彼女はタバコをふかしながら話してくれました。

次々と両親を亡くした悲しみと孤独、突然のしかかってきたホテル経営のプレッシャー、そしてそれゆえに恋愛をする暇もないほど忙しく、追いつめられる過酷な日々……そんな中、オナニーぐらいしかストレスを発散する手立てがないこと。

「だからごめんなさいね。思わぬアクシデントから生身の男のあなたを間近に感じることになり、自分でも信じられないくらい狂っちゃった………」

私にとっても忘れられない出張旅になりました。

また機会があれば、ぜひ再会したいものです。

■前と後ろからダブルで、絶妙の塩梅で責め立てられたものだから、アタシはもう……

アタシと彼の痴漢プレイにまさかの第三の男が乱入して

投稿者　清水千秋（仮名）／25歳／歯科衛生士

今日は勤め先の歯科医院の休診日で、とっても嬉しい平日休みなんだけど……。

前日にカレシに電話して、もし予定が空いてたら久々にデートしようって言ったら、

「おお、運よく空いてるぜ……じゃあ、集合は朝の七時な」

「ええっ⁉　何その時間？　そんなの起きらんないよ～！」

「いやならいいよ。まあ次いつ会えるかわかんないけどな」

そう、彼はフリーでテレビ番組とかのディレクターの仕事してて、とにかく超多忙。なかなか休みがとれないものだから、こんなふうにちょうどよく二人の日程が合うなんて、スーパー・ラッキーなの。しかもとんとエッチもご無沙汰だから、アタシはもう会いたくて会いたくて仕方がない。

「わかったわよ！　うん、うん……じゃあ七時に○△駅前ね。よろしくね！」

結局、勤めのある日よりも早く起きないといけなくなっちゃった。

そして今日、彼は約束の時間より十分遅れてやってきたけど、まあいつものことね。

でも、何を言いだすかと思えば、

「よし、じゃあこれから電車に乗るぞ！　もちろん上りな」

「ええっ⁉　……って、超満員の通勤電車よお？　正気？」

「もちろん！　実は前からやってみたかったことがあるんだ……満員電車での痴漢プレイ。刺激的でいいと思わない？」

アタシ、さすがにビックリしたけど、正直、ちょっと興味がないわけじゃなかった。

実際、これまでに何度か痴漢にあったことがあるけど、そのたび、怖いとかイヤだっていう感想よりも、スリリングで危険な快感の印象のほうが強くって……それを大好きな彼と疑似体験できるっていうのは、なかなか魅かれる提案で……。

「どうする？　いや？」

「ううん、いやじゃ……ないよ」

ってことで、アタシと彼はホームに入ってきた見事なまでの超満員電車に乗り込むと、押し合いへし合いする乗客たちの人込みの中、痴漢プレイをスタートさせた。乗った電車は快速で、次の停車駅まではおよそ十分ちょっと。しかもそこは大きなターミナル駅だからどっと乗客が降りて車内はスカスカになり、もう痴漢プレイなんかできやしない……この十分間が勝負！　ってかんじね。

彼の手が上のほうに這いずってきて、アタシのブラウスのボタンを器用に外すと、さらに手を後ろのほうに回り込ませてブラのホックを外し、ピッタリしていたカップをユルユルに浮かせてきた。その隙間から彼の手はアタシのナマ乳めがけてラクラク侵入、下乳をフニュフニュと愛撫しながら乳首に触れ、いじくってくる。

「……んっ、んふっ……う、ううん……」

さすが、いつもの二人だけのエッチのときの感覚とは比べものにならない……たぶん誰にも見られてはいないだろうけど、いつ誰に気づかれるとも知れない、そんな周囲をギッシリの人込みで囲まれている状況で味わう彼のタッチは、信じられないくらい刺激的でキモチいいっ！

アタシも負けてられなかった。

ジーンズの上から彼の股間をまさぐり、揉みこね回し、だんだん固く突っ張ってくるのを窺うと、ジッパーを下げて下着の前をこじ開け、勃起ペニスを引っ張り出す。その亀頭のくびれ部分を握り込んで、クイクイッとこねくり回しちゃう。

「うっ……くぅ……ふぅぅ……」

彼のせつなげな呻き声とともに、先端から滲み出した先走り汁でアタシの手のひらがネバネバと濡れてくるのがわかる。

アタシと同じく、彼のほうの感じ方も、いつもの比じゃないくらい敏感で激しい。

勃起してズキズキと脈打つ肉棒の拍動が、こっちにまで伝わってくるみたい。

あ、彼の手もアタシの下半身に攻め入ってきた！

アタシのスカートをめくり上げて下腹部に潜り込むと、パンストの前をこじ開けてアソコに直接触れてきて……！

クリ豆をクニュクニュと押しつぶすようにこね回しながら、もう恥ずかしいくらい濡れとろけた肉ひだをヌチャヌチャと掻き回されて、アタシは周りの人にそのスケベな音が聞こえちゃうんじゃないかというスリリングな切迫感からか、これまで感じたことのないような喜悦の渦に呑み込まれちゃいそうな勢いで……、

「んあっ、はっ……くふ、ふう……あんっ……」

必死で押し殺した喘ぎ声が唇からこぼれ出しちゃう。

「うう、うっ……はぁ……チアキ……いいよ……」

天井知らずの昂りとともに、アタシの手淫の動きもどんどん激しくなっちゃったものだから、彼のほうももうギンギンのズルズル！　極限まで固く膨張しつつ、自分の粘液まみれになって……もう限界ってかんじ？

次の停車駅もぼちぼちという頃合いだったので、さすがにこのまま二人ともここでイッちゃうわけにはいかないよねぇと、お互いにそろそろやめようかと無言のアイコンを交わした、まさにそのときのこと……！

なんとアタシの背後から、パンストをこじ開けて侵入、ナマ尻に触れてくる第三の手が現れたの！

（え、えええええええええええっ⁉）

その相手の顔を見ることはできなかったけど、どうやらアタシと彼が痴漢プレイに耽っていることを承知で乱入してきた、確信犯的痴漢みたいなの。

その証拠に、アタシと彼の相互手淫プレイの、昂り速まるテンポにまるで合わせるかのように、その手はアタシのアナルに指を深々と挿入するや、巧みにリズミカルに掻き回し、抜き差ししてきて……！

「んふっ！　……うぐぅ……んあっ、はぁぁぁ……」

前と後ろからダブルで、絶妙の塩梅で責め立てられたものだから、アタシはもうあまりに気持ちよくて陶然として、彼のペニスへのしごき立てをやめることもできなくなっちゃって……いや、それどころかますます激しく手を動かしちゃう始末。

当然、彼のほうも、「あれっ、やめるんじゃなかったの？」みたいな顔でとまどいつつも、迫りくるクライマックスにもう逆らうこともできず……。

「うっ！　……んくぅ……はぁ〜〜〜〜……」

たまらずアタシの手の中で暴発しちゃったペニスは、勢いよく精液吐き出してアタシのデート用の一張羅のブラウスを汚しちまいやがって……もうっ！（怒）

とか言いながら、実はアタシもしっかりイッちゃったんだけどね（笑）。

それからほどなく電車が駅に着くと、知らぬ間に例の乱入痴漢はいなくなり、寸でのところでなんとか身づくろいを済ませたアタシと彼は、降車客の群れとともにドッと車外に押し出されてしまったというわけ。

いや〜、それにしても、まさかのチョー刺激的な体験だったわ。

もちろんその余韻のまま、アタシと彼がそれからすぐに、まだ午前八時前だというのに近所のラブホにしけこんで、昼まで本格的にヤリ狂ったのは言うまでもありませんことよ、ウフフ。

■彼のそれはその体型どおりに、決して長くはないけど、太く力強さに満ちた逸物で……

万引き発覚、からのまさかのセフレ関係誕生!?

投稿者　室岡まさみ（仮名）／34歳／専業主婦

それは買い物を終え、スーパーを出た直後のことでした。

一人の男が近づき、声をかけてきたのです。

「奥さん、そのバッグの中にレジを通してない商品があるでしょ?」

ギクリとし、私は気が動転してしまいました。

たしかに、最近すっかり味をしめてしまった万引きの戦利品が、手にしたエコバッグの中に入っていたから。

この人、きっと万引きGメンだ。万引きの現場を見られてたのね。ああ、このまま事務所に連れていかれて……警察に突き出されちゃうのかしら?

恐れおののく私の表情を見て、その内心を察したかのように、相手はこんなことを言ってきました。

「あ、言っとくけど僕は万引きGメンなんかじゃないからね。でも、奥さんが万引きしてる現場はちゃんとスマホの画像で押さえてあるから、簡単に警察に突き出すこともできるよ。いうことは聞いたほうが身のためだよ」

え、万引きGメンじゃない……？　じゃあ、この男の目的は一体……？

怪訝な様子の私の肘をとると男は一緒に歩き出し、話し始めました。

「僕、今会社に行かないでリモートで在宅ワークやってるんだけど、毎日お昼のこの時間に買い出しに来るのが日課になってるんだよね。で、そこで奥さんのことが目につくようになって……きれいな人だなあって思って。ところが、日々目で追ってるうちに、奥さんがとんでもないことしてるのを知っちゃったわけ」

彼はそう言っていったん言葉を切ると、軽くウインクをよこしました。私は話の行き先が見えてきたような気がしました。

「その顔……僕の言わんとしてること、わかってもらえたみたいだね。そ、万引きのこと見逃してあげる代わりに、奥さんのこと抱かせてほしいわけ」

私は改めてしげしげと彼のことを見ました。

年の頃は私と同じかちょっと上くらい。少しメタボ気味だけど、清潔感があって、決して悪い印象はありません。身に着けているものもそれなりで、まあまあの会社に勤め、いい収入を得ていることが窺えます。

私はささっと皮算用をしました。

そんなにタチの悪い人じゃないみたいだし、約束も守ってくれそう。一回相手してあげて万引きのこと見逃してくれるのなら、素直にいうとおりにしたほうがいいかも。

「わかりました」

私は答えていました。

「スマホの画像データを抹消して、なかったことにしてくれるのなら」

「うん、交渉成立だね。じゃあ、行こうか?」

そうして午後の二時すぎ、私はそのまま彼に連れられ、十五分ほど歩いた先にある、ラブホテルへと向かいました。

受付を済ませ部屋に入ると、いきなり彼は私に抱き着き、きつく抱擁しながらキスしてきました。私の唇をねぶり回し、舌を口内に挿し入れると歯茎から口蓋からすべてを執拗に舐め回し……さんざんそうしたあと、仕上げとばかりに舌と舌をからませてぬめらせ、吸いしゃぶり、唾液を啜り上げてきました。

「……んぶっ、んじゅ……ぐう、ぬぷっ……うぶぶ……」

「はぁっ……ああ、お、奥さんのつば、思ったとおり甘くておいしい……んじゅぶ!」

延々と口を開けているおかげで、お互いの唾液が溢れ混じり合い、ダラダラと大量のしずくとなって双方の顋から喉元、そして鎖骨にかけてをしたたり濡らしていきます。汚い、というよりも、それはえも言われず淫らな光景でした。

そうしながら、続けて彼は私の服に手をかけ脱がしてきました。羽織っていたカーディガンを放り捨て、ブラウスのボタンを外し脱がせ、私は上半身ブラだけの格好になってしまいます。彼は舌なめずりするようにそのホックを外し、とうとう私の裸の胸が露わになってしまいました。

ゴクリと彼が生唾を呑み込む音が聞こえました。

「ああ、とってもきれいだ……想像してたとおり、豊かですばらしい胸だよ、奥さん」

うっとりしたような声でそう言って舐めてこようとしたので、

「あ、ちょっと汗をかいたから、シャワー浴びさせて……」

私はそう言ったのですが、

「何言ってるの、僕は奥さんそのものの味を、香りを楽しみたいんだ。それを荒い流してしまうなんて、とんでもない」

「で、でも……」

それ以上多くを言わせず、彼は私の剝き身の胸にむしゃぶりついてきました。乳房を柔らかく揉みしだきながら、レロレロと全体を舐め回し、乳首を唇に含んでチュウチュウ、ジュルジュルと吸い啜ってきて。

「はあっ、あ……んあっ……あ、ああ……」

お恥ずかしい話、ここ三ヶ月ほど夫とはご無沙汰の私のカラダは、あえなくその刺激に感じ、喜悦におののいてしまっていました。

「ああ、おいひい……んぐっ、んぶっ……んじゅ、じゅぷ、ぬじゅぶ……ぷはぁ！」

その快感は上半身から徐々に全身に広がっていき、下腹部から股間へ……甘い痺れのような感覚が侵食していきました。ジュワリ……と、私の秘部が熱く潤んでしまうのが自分でもわかりました。

綿パンのジッパーを下げ、そこにこじ入れられた彼の指がパンティの中に潜り込み、ぬかるんだ秘部をまさぐり、掻き回してきました。

「んあっ……あん、あっ、あっ……んはぁあっ……」

「ああ、奥さんのここ、もうトロットロだ……僕の指を蕩かさんばかりに熱く煮詰まって……ああ、ほんとたまんないよ」

そのまま私たちはベッドにもつれ合うように倒れ込みました。そして私を完全に裸にした彼は、急くようにして自分も服を脱ぎ去りました。

「奥さんのオマ○コ……いただきます！　ん、んじゅぶぅ……」

「ひぃっ……あ、あああああっ……はあっ！」

私は秘部で繰り出される彼の舌戯に喘ぎつつ、ちょうど目の前にあったそのいきり立った股間のモノにしゃぶりついていました。それはその体型どおりに、決して長くはないけど、太く力強さに満ちた逸物で、口を目いっぱい広げても収まりきらないんじゃないかと思うほどでした。

「あふっ……う、んぐふっ……んっ、んっ、んっ……」

私の秘部に顔を突っ込みながらも、ちょうどシックスナインの格好で私にモノをしゃぶられ、彼はくぐもった喘ぎ声を漏らし、腰をヒクヒクと震わせました。

私のソコはとめどなくびしょヌレになり、彼のモノもますます固く太く膨張していました。いよいよお互いに完全準備ＯＫ状態です。

「ああ、奥さんっ……！」

彼はガバッと起き直ると、正面から正常位で挿入してきました。怖いくらいの力感が、肉びらをえぐるようにして穿ってきます。

「あああっ、ああ！　ひっ……ひ、ひぃ……す、すごい……！」

「くうっ……お、奥さんの中、みちみち締まるぅ……！」

そうやって私たちは激しく、五分ほど嵐のようにファックしたあとお互いに果て、その後少しインターバルをとってから、今度はもっとじっくり、三十分以上かけてねっとりと愛し合い、満足感たっぷりに二回戦目を終えました。

そして少しの余韻を経たあと、私は彼に言いました。

「じゃあ約束どおり、例の画像は消してくれるわよね」

すると彼は、すごく爽やかな笑顔でこう言いました。

「だーめ。誰が今日一回だけで許してやるって言った？　最低あと三回はつきあってもらわないと、消すわけにはいかないなあ」

いけしゃあしゃあとそんなことをぬかす彼に対し、私は一瞬唖然としましたが、しばし後、思いを改めました。

まあ、あんなに気持ちいいなら、私としてももう何回か楽しませてもらっても悪くないかもね。

万引き発覚危機一髪から、まさかのセフレ関係へ……世の中、こんなこともあるんですねえ？

■いつもなら射精後しぼんでしまうはずの僕のペニスが、変わらず勃起したまま……

快楽と苦痛とがないまぜになったエンドレスSEX地獄

投稿者　田中哲也（仮名）／32歳／会社員

いや、もうほんとまいった……死ぬかと思った僕の体験、聞いてもらえますか？

それはちょうど一ヶ月前のこと。

僕、新しく入ってきた派遣社員の子に一目ぼれして、よく言えば行動力にものをいわせて、でも悪く言えば衝動的に彼女に告っちゃったんですけど、けっこうあっさりとOKしてもらえて。で、つきあい始めてみると、これがもうほんと、サイコーにいい子で、顔とカラダはもちろん、性格もいいし、料理も上手いし、そしてアレの相性も今までつきあったどの女よりもよくって……もう完全、結婚を念頭に置いての本気モードになっちゃったんです。

ただし、ここで問題がひとつ。

そのとき、僕には奈々緒っていう、別につきあってる子がいて……アラサーの後輩OLなんですけど、まあまあ気に入ってたんで（もちろん、さすがに結婚まではNG）、一目ぼれした本命の子とつきあいながらも、いつそれがダメになってもいいように、キープってかんじにしておいたんです。でも、ここはやっぱキチンと別れなきゃだめだなって思って。

それである日、きちんと伝えたんですね。「他に好きな子ができた。別れてほしい」って。そしたら、なんか急に黙り込んじゃって……優に五分は一言もしゃべらなかったんじゃないかな。さすがに僕も不安になってきて、肩に手を触れようとしたら、いきなりぶわって涙溢れさせて、そのまま後ろ向いて走り去っちゃったんです。

うわー、大丈夫かな……って、ドキドキしてたんですけど、翌日彼女からＬＩＮＥにメッセが来て、

『わかったわ、別れましょう。でもその代わり、最後に一回だけデートして。それで思い残すことなく、私、きれいさっぱり哲也のこと忘れるから』

と。ああ、よかった、変にこじれなくてってかんじですよね。まあ僕としても決して彼女のことが嫌いなわけじゃないから、最後にエッチできるんなら、それはそれでラッキーみたいな。え？　サイテー男って？　いやいや、男なんて所詮みんなこんなもんでしょ？

その週末の夜、彼女と食事して、お酒飲んで。

そして、これまで何度となく二人で利用した御用達のホテルに行きました。お気にの部屋に入って、二人でささっとシャワー浴びて、ほとんど濡れた体を拭かないままもつれるようにベッドに倒れ込んで……と、なんとそこでプッッと僕の意識が途切れちゃったんです。もう何が何やらわからないまま。

で、目覚めると、僕は裸のまま、両手足を大の字の格好に広げさせられ、ベッドの四隅にヒモで縛りつけられていたんです！

「お、おい、奈々緒……これっていったい、なんのマネ？」

わけがわからないまま訊ねる僕に、彼女が答えました。

「うふふ、さっきのレストランで、哲也がトイレに行ってる間にワインのグラスにちょっぴり薬を入れさせてもらったの。ちょうどいいタイミングで効いてくれてよかったわ。私が服を脱がさなきゃなんないとか、面倒だもの」

「な、なんでそんなこと……？」

「あのね、私だってあなたがヤリチンのサイテー男だってこと、いやというほどわかってるわ。でも、それでも好き……ホントは別れたくない。だけどいくら泣いてすがってもダメだろうから、最後にとことん『思い残すことなく』あなたとのエッチを楽しむためにこうさせてもらったのよ」

「はあ…？　そんなの、何もこんなことしなくたってやってあげるのに……」

「あのね、やってあげる、とかじゃないの。私自身がほんとに心の底から満足するまで、あなたが『やられる』側なのよ！」

そ、そーゆーことかーッ！

それからは、いくら僕が彼女をなだめすかし、思いとどまるように言ってもムダで、僕はさらに無理やり何かの薬を飲まされることになりました。

「これ、私があるヤバ～イ筋から入手したスペシャルなお薬……これを呑んだが最後、いくら射精しても、最低三時間は勃起が治まらないっていう代物よ。さあ、何回私のこと、イカせてくれるかな？」

奈々緒はそう言うと、僕のまだおとなしいペニスを手にとって咥え、いつもの巧みな舌戯で濃厚にしゃぶり始めました。すると、いつにも増して僕のソレは強烈に反応し、あっという間にガチガチに勃起しました。その膨張っぷりはなんだかもう痛いくらいで、僕はまるで十代の頃に戻ったような感覚を覚えました。

「ああ、大好きな哲也のチ〇ポ……他の女のモノになっちゃうなんて……悔しいから切り落としちゃおっかな？」

「ひぃっ！　ば、ばかなマネはやめろっ！」

「うふ、冗談よ。でも、しばらくはエッチしたくなくなるほど擦り剝けちゃうくらい、ヤってヤって、ヤりまくってやるんだから！」

奈々緒はちょっと狂的なまでに上気した顔でそう言い、さんざんしゃぶりまくったあと僕の上にまたがると、目をらんらんとギラつかせながら見下ろしてきました。

「さあ、それじゃあそろそろ入れさせてもらうわね」

彼女は僕のペニスの根元を支えて直立させると、そこに向けてズブズブと腰を沈め、オマ○コに呑み込んでいきました。

「あ、ああっ……はぁ、あ、ああん……」

心なしか、彼女の胎内はいつにも増して熱くうねっているように感じられました。

「んん……くっ、うぐっ……はぁっ……」

「ああ、哲也のチ○ポ、いいっ！　すごい、キモチイイッ！　ああッ！」

僕の上で跳ねる彼女の勢いがどんどん激しくなり、その大きな胸がブルンブルンと揺れ乱れ、飛び散った汗がこちらの顔まで降りかかり……僕の身内からもグングンと昂ぶりがせり上がってきて……。

「ああっ！　奈々緒っ！　で、出るっ……！」

「はぁぁん、きてきてっ！　哲也のドロドロで熱いの、いっぱい出してぇっ！　はっ、ああ……あああ～～～～～～～っ！」

彼女は絶頂の悲鳴をあげ、僕もたまらずその胎内に精を射ち放っていました。

「あ、ああ……はぁっ……」

いつもより何倍も感じるような快感を味わいながら、思わず気の抜けたような声を漏らしてしまった僕でしたが、奈々緒はちがいました。

「はぁ、はぁ、はぁ……まだまだこれからよっ！　休んでる場合じゃないわよ！」

そう言うと、今度は体を前に倒し豊乳を僕の胸に押しつけ、なすりつけるようにしながら、腰をうごめかせてきました。すると、いつもなら射精後しぼんでしまうはずの僕のペニスが、変わらず勃起したまま力んでいくのがわかりました。

「ああ、哲也……私の中でいっぱいになってる……」

奈々緒はそう言いながら、またゆっくりと前後にグラインドを始めました。そしてそうしながら、思いっきり首を伸ばして僕の唇をキスでむさぼってきます。

「んぐっ……ん、ん、んんっ……ふぅ」

「んぶっ……はぁっ、ああ……哲也ぁっ！」

そうこうするうち、また昂ぶりが押し寄せてきました。性懲りもなく再びペニスが熱くみなぎってきます。

「あっ……はぁっ、あ、あああぁっ……！」

「あああぁ……哲也っ！　また熱いのいっぱい出たっ……！」

本当に奈々緒の言ったとおり、僕のペニスは萎えるということを知らずに勃起し続け、彼女に求められ、責められるままにその肉壺を貫きえぐり、そして昂ぶっては精を放つことを延々と繰り返しました。

そうやって二時間ほどが経ったでしょうか。

さすがにペニスの表皮がヒリヒリと痛み、射精感はあるものの、いよいよ実際にはほとんど精液が出なくなってきた頃合いで、ようやく彼女は満足したようで、僕を解放してくれました。

「お疲れさま。彼女のこと、あんまり悲しませちゃだめよ」

彼女はそう言って去っていき、僕ときれいさっぱり別れてくれたのでした。

ほんと、死ぬかと思うような、いつ終わるとも知れない快楽と苦痛とがないまぜになった、忘れられない体験でしたね

■私と今日子は大山くんのペニスとタマタマを二人で奪い合うようにして愛撫し……

最高の3Pカイカンに酔った同窓会の一夜

投稿者　本村架純（仮名）／28歳／専業主婦

その日は、卒業後初めて催された中学のときの同窓会で、私は高一のときに父親の仕事の関係で他県に引っ越してしまったので、当時のほとんどのクラスメイトたちとは丸々十三年ぶりの再会でした。

「わあっ、今日子ぉっ！　久しぶりぃ！」

「やあん、架純ぃっ！　会いたかったよぉっ！」

中でも大の親友だった今日子との再会は、それはもう心浮き立つものでした。

私たちは他の元クラスメイトたちとの会話もそこそこに、ホテルの中規模の宴会場を借りた同窓会会場の片隅のテーブルに二人きりで陣取って、十三年前のいろいろな思い出話に花を咲かせ、大いに盛り上がりました。

特に盛り上がったのは、当時、二人して同時に好きになってしまった男子のクラスメイト、大山くんの話題でした。大山くんは顔も頭もよかった上にサッカー部のエースで、私たちの他にもたくさんの女生徒が憧れていたと思います。

「ほんと、大山くん、かっこよかったよね～。でも、私も架純も超シャイで、結局二人とも告れなかったんだよね……聞いたところだと、大山くんはその後T大に合格して、卒業後は○○省に入ったって。さすがエリート街道まっしぐら！　私らのどっちかツバつけとけば、今頃官僚夫人だったかもよ？」

「あはは、ムリムリ、大山くん、私らのことなんてアウト・オブ・眼中だって！

……ところで今日は彼、来てるの？」

「ええと、残念ながら多忙すぎて来れなさそうって、幹事の留美が言ってたけど……あ、あれっ⁉　ちょっと、あそこにいるの……大山くんじゃない？」

「ええっ、マジ⁉　……あ、ほんとだ！　あれ大山くんだよ！」

聞くと、公務の関係で当初は欠席予定だったのが、急に都合がついて慌てて駆けつけたということでした。遠目にもその風貌は、元々のイケメンっぷりに、国を背負っているという責任と自信のようなものが加味されたゆえか、ますます魅力的になっているように思えました。

私と今日子はすぐにでも彼と話したかったけど、なんといってもクラス一の出世頭です。大山くんはあっという間に皆に取り囲まれてしまい、私たちには取りつく島もありません。二人で顔を見合わせて苦笑するばかりでした。

でも、思いのほか、チャンスは早くやってきました。

なんと彼のほうから、私たちのところにやってきてくれたのです。

「やあ、○×さんに△○さん、ほんと久しぶりだね。会えて嬉しいよ。あ、でも今は結婚して二人とも違う苗字かな？」

「まあね。でも、下の名前はもちろん当時と同じよ。私は今日子で、こっちは架純。そう呼んでもらっていいわよ」

「ほんと？　今日子ちゃんと架純ちゃん、あらためてどうぞよろしく。で、僕の記憶が確かなら、二人とも僕のこと、好きだったんじゃなかったっけ？」

彼のいきなりの思わぬ発言に、私も今日子もびっくりしてしまいました。

「えっ……な、なんでそのこと……？」

「ああ、当時、牧野知美さんから聞いたよ。きみら二人とも僕にぞっこんだって」

あいつ、そんなことバラしてたなんて……私と今日子は顔を見合わせて、当時の悪友のことを苦々しく思い出しました。ちなみに今日は欠席しています。

「それにしても、いくら昔のこととはいえ嬉しいなあ。こんな綺麗な女性二人に想われていたなんて。ひょっとしてそれって……今も有効だったりするのかな？」

まるでナイショ話でもするように、大山くんが囁くように言い、私は思わずドキンとしてしまいました。見ると、今日子のほうも同じ反応なのがわかりました。そしてその瞬間、私たち三人の間を無言の共通の空気が支配したような気がしました。大山くんの目が、今日子の目が、そして私の目が……妖しく光り、視線をからませ合い……おもむろに大山くんが席を立って言いました。

「このあと二次会はパスして、三人だけでこっそり飲みに行かない？」

もちろん、私と今日子は二つ返事でオーケーし、夜の闇にまぎれるように三人で街中へ繰り出し、スナックで軽く飲んだあと、もちろんホテルへ向かいました。

念のために言っておきますが、私も今日子も、結婚してからこのかた、一度も不倫などしたことはありません。貞淑な妻としてそれぞれの夫に尽くしてきたという自負があります。でも、この夜だけは特別……二人、いや三人ともが十三年前にタイムスリップし、成しえなかった青春の甘酸っぱい想いを自分のものにしようとでもするように、ある意味とてもピュアな気持ちのもと、なんの抵抗もなく行動を共にしてしまったのです。

ホテルの部屋に入ると、私たちは三人一緒にバスルームに向かい、皆で体を洗い合いました。大山くんは公務が忙しすぎてあまり運動する機会もないのでしょう、当時の鍛え抜かれた体躯とはちがい、ほんのりと脂ののったソフト体型になっていましたが、それは私と今日子だって同じ……お互いに子供を産み、ちょっぴりぜい肉がついた姿でしたが、それらも含めてお互いのことが愛おしく、ボディシャンプーの泡にまみれながら、からみ合い、まさぐり合い、蕩け合って……私と今日子は大山くんのペニスとタマタマを二人で奪い合うようにして揉みくちゃに愛撫し、アナルにも指を滑り込ませてヌルヌルとえぐりほじくりました。

「んあっ……ああ、二人とも、かんじるよ……」

そう喘ぎながら大山くんも、左手を私の乳房に、右手を今日子の乳房に伸ばして、撫で回し、揉みしだいてきました。

「あっ、あ、ああ……あふぅ……」

「ああん……き、きもちいい～～……」

もう大山くんのペニスはビンビンに勃起して、そのたくましい肉竿をびくん、びくんと大きく脈打たせています。

「ああん、大山くんのコレ、舐めたくてたまんない～～」

「ああ、あたしも……ねえ、いっぱいしゃぶらせて～～～」

私と今日子の淫らなおねだりに応え、大山くんはシャワーのお湯を出して三人皆の体の泡をきれいに流し去ると、私たちは濡れた裸身のままお互いにもつれ合うようにしてバスルームを出て、ベッドへと向かいました。そしてそのままどっと一塊になって倒れ込んで。

仰向けになった大山くんの体に私と今日子はむしゃぶりつきました。そしてペニスの亀頭を、竿を、玉袋を……左右から挟み込み、舐め上げ、吸いたて、咥え合って……飢えたメス豚のようにむさぼったのです。

「んああ、あっ……そ、そんなにされたら僕もう……うう……ああっ！」

私と今日子が摑み持ったペニスが眼前で炸裂し、すごい勢いでザーメンが噴き出しました。二人とも思わず、我先にそれを舐め飲み下してしまいました。

「ああ、サ、サイコー……チョー気持ちよかったよ。よし、今度は僕が二人を可愛がってあげるからね」

大山くんはそう言うと、少しのインターバルをおいたあと、今度は私と今日子への愛撫行為にとりかかりました。

私たち二人を並べ横たわらせ、交互にアソコを舐め啜ってきて……。

「ああん、あっ……いいっ、んあっ、大山くぅん……」

「いいい、いいのぉ……あひっ、あはっ……」

見る見る二つのオマ○コはドロドロに蕩け、溢れ出した大量の淫液でベッドのシーツはグチャグチャに濡れていきました。

「もうダメ！　ガマンできない……入れてぇっ！」

「はあ、はあ、はあ……おねがい、きてきて～～～っ！」

私たちの懇願に応えて、大山くんは交互に二つの女体に挿入してきました。さすが、体形は多少緩んだものの、その体力はまだまだ健在で、エネルギッシュに快感を注ぎ込んできます。

「ああっ、イクイク……んあああ～～～～～っ！」

「あひぃぃぃ……イッ、イッちゃう～～～～！」

「くおおおっ……ぼ、僕もまた……あ、ああっ！」

大山くんが二発目を発射すると同時に、私と今日子も達していました。

十三年前に置き忘れてきた大切な想いを取り戻したような、とても素晴らしく、そして最高の快感に満ちたすばらしい一夜となったのです。

第三章　はじめての官能に震えて

■私がパイズリするたびに、ペニスの粘ついた音が淫靡に響き渡り……

突然私を襲った衝撃のレイプSEXエクスタシー

投稿者　榊原るみ（仮名）／30歳／パート主婦

この世の中、特に今の日本で、男からレイプ被害を受ける女なんて、そうそういるものじゃないだろう。私だってそうだった。これまで生きてきて、そんな危ない局面に出くわしたことなど、一度もなかった。

そう、つい先月までは。

私は近所の大型スーパーでパートとして働き始めて、もう三年ほどになる。主婦パートの面々の中でも今やベテランの部類に入り、店長からも信頼され、リーダー的立場を任されている。

でも、そんな私でも、男性社員の三浦（仮名）だけは苦手だった。

三浦は三十一歳で、仕事ができないわけではないのだけど、かと言ってできるわけでもなく、店としても扱いに困っているようで、まあまあいい年なのに主任等の役職に就けられることもなく、平社員として私たちパートとあまり大差のない仕事しか任されてはいない。

まあそれはいい。周りに迷惑をかけるわけではないのだから。

問題は、本当に無口で何を考えているかわからず、最低限の仕事のやりとり以外は、どう接していいかわからず、本当に困ってしまうことだった。

ただ私には、なんとなく感じるものがあった。

三浦は、他の人間にはひたすら不愛想で無関心そうなだけなのだけど、こと私に対してだけは違ったのだ。決して言葉を交わそうとはしないくせに、視線だけは外そうとはせず、じっと食い入るように見つめてきて……それはまるで、獲物を狙う野獣のギラついた瞳のようで、私は言いようのない恐怖を感じざるを得なかった。

そしてその恐怖がついに現実のものとなったのが、先月のことだったのだ。

午後七時、私はその日のシフトを終えると、同僚たちに声をかけて、帰り支度をするために従業員用控室へと一人向かった。

今日は夫が少し帰りが遅くなると言っていたので、いつものように焦って着替える必要はない。この時間帯に上がるパートが自分一人だということがわかっていたので、控室の中からドアの内鍵をかけると、ゆっくりと店の制服を脱ごうとし始めた。

と、その時だった。

自分以外誰もいないはずの控室の中に異様な気配を感じ、ハッと少し奥まった給湯室のほうに慌てて目線をやったのは。するとそこにはなんと、三浦がいたのだ。

「！　ちょ、ちょっと三浦さん、そこで何を……!?」

思わず声を張り上げようとした私だったが、いつもの彼からは想像もつかないような素早さでこちらに飛びかかってきた三浦によって、口をふさがれ、体を抱きすくめられてしまった。彼は手を外すと同時にすかさず私の口の中にハンカチのようなものを突っ込んで、易々と声を封じてしまうと、ものすごい力で私の全身をまさぐり、撫で回し始めた。

「んんっ、んぐ……ん、んふぅぐっ……！」

「榊原さん、痛い目を見たくなかったら、おとなしくしてるのが身のためだよ。そしたら俺、絶対に乱暴なんてしないから」

彼はそう言うと、私の体を休憩用ソファの上に押し倒してきた。

「書き入れ時の今の時間帯、まず誰もここにはやってこないし、万が一来たとしても鍵がかかってて中には入れない。しかも、あんたも声が出せない。いくらあがいたって無駄だよ」

三浦は押し殺したような声でそううそぶくと、私の制服のブラウスのボタンを引きちぎるように外し始めた。あっという間に前をはだけられ、私のブラジャーを着けた胸が露わになる。三浦はのしかかった自分の重さで私をしっかりと押さえ付けながら、私の背中に手を回して器用にホックを外してしまった。そしてとうとうブラジャーが取り去られ、ぷるんと胸がこぼれ現れてしまった。

「ああ、なんて大きくてきれいな胸なんだ……今までどれだけこれを間近で見たかったことか！　想像どおりにすてきだ！　ああっ、榊原さんっ！」

やはり三浦は、私のことを、私の肉体をいつか犯してやろうと虎視眈々と機会を窺っていたのだ。

それまで、あまりに突然の驚愕と衝撃のために、彼にされるがままになっていた私だったが、貞操の危機をひしひしと痛感した時、おもむろに抵抗感が湧き上がった。

私は必死で身をよじらせ、三浦の体を振り落とそうと暴れあがいた。

「おとなしくしろって言ってるだろ！」

次の瞬間、私は右頬に激烈な痛みを感じ、身をすくませてしまった。

「まだ抵抗しようっていうんなら……殺すぞ！　俺はあんたが死体になったって、それを犯せればいいんだ。あんたはきっと死体になったって素敵に違いないからな」

三浦は上ずったような声でそう言いながら、さらに三発、四発と私の頬に平手打ちを食らわせ、とうとう私の反抗心は萎えてしまった。

（こ、殺されるなんて、い、いやだ……）

観念した私の全身からはぐったりと力が抜けてしまい、その様子を見た三浦はいかにも満足そうにほくそ笑んだ。

「そうだ、いいぞ、いい子だ」

舌なめずりするようにそう言うと、私の胸に顔を埋め、しゃにむに乳房を、乳首を舐め、吸い、むさぼりだした。歯型が付くほど噛み、引きちぎらんばかりに強烈に吸い上げるものだから、最初はもう痛くて仕方なかったが、そうされ続けているうちにだんだん馴れ、いつしか快感を覚えるようになってしまった。

「ん……ぐぅ、ううん……くひっ……」

「おう、そうか、そうか、キモチいいのか。ほら、乳首がこんなに立ってきた。なんていやらしいカラダなんだ……ようし、もっともっと気持ちよくしてやるからな」

三浦は自分のお腹を少し浮かすようにすると、私と接触している部分に少し余裕をもうけ、そこに手を突っ込んでスカートのウエスト部分をこじ開けてきた。そして下着の中まで指を忍ばせてくると、力任せにアソコを搔き回してきて……！

「ひっ！　……んぐ、ぐふぅ……くっ！」

まだ十分に濡れていないそこは、その乱暴な愛撫の苦痛に悲鳴を上げたが、やはりさっきと同じように執拗に繰り返されているうちに馴染んでいき、快感を覚えるようになってしまった。

「ほ〜ら、すぐにヌルヌルに濡れてきた！　よしよし、もうちょっとしたら俺のチン〇ン、入れてやるからな。その前にもう少しその素敵な胸で楽しませてくれよ」

三浦はそう言うと、私の体を押さえ付けたまま無理やり自分のズボンと下着を脱いで下半身を剝き出しにすると、どっかと私のおへそ少し上のところに馬乗りになっていきり立ったペニスを胸の谷間にこすりつけながらさらに言った。

「ほら、両手でオッパイを支え持って、俺のチン〇ン、パイズリしてくれよぉ！……おお、そうそう、いいぞ、その調子だ！」

私は言われたとおりに、下から自分の胸で彼のペニスを挟んでしごきあげた。ペニスの先端から滲み出している透明な粘液のせいで、私がパイズリするたびにヌッチャ、グッチャと粘ついた音が響き渡る。

首を少し上げた私の顔の目の前で、硬く赤黒く張り詰めた男性器がてらてらと卑猥にぬめり光りながら、乳房の狭間でのたうつ様は、なんだかもうやたら淫靡で、私のほうもたまらなく昂ぶってきてしまった。

きた。

「ああっ、もうダメだっ！　あんたの中に入れたくてたまらないっ！」

三浦はそう一声叫ぶと、私の両脚を大きく広げさせ、とうとうアソコを突き貫いてきた。

「んひっ……んぐぅ、くふっ……んぐぬぅ……！」

私の喉奥から喜悦の呻きが吹きこぼれる。

「はっ、はっ、はっ……ふう、はっ、はっ……！」

三浦の腰のピストンが勢いを増していき、一瞬ビクッと全身を震わせたかと思うと、ドピュ、ドピュッと大量の精液が私のお腹の上に吐き出された。

私は生まれて初めてのレイプＳＥＸの衝撃で頭の中が真っ白になりながらも、その筆舌に尽くしがたい快感に朦朧とするばかりだった。

こんなの、一生忘れられないに決まってる

■彼の先端から滲み出したガマン汁は魅力的な苦さで、私はさらに昂ぶってしまい……

地味でおとなしい仮面の下…私の中の肉食女が目覚める

投稿者　桑原里帆（仮名）／26歳／書店員

　私、彼氏いない歴、今年でもう五年。

　仲のいい友人たちは皆、揃いも揃って恋人とラブラブ真っ最中で、中にはすでに結婚秒読みなんて子もいます。なのに私ときたらいつもひとりぼっち……アパートに帰っても誰も出迎えてくれる存在はなく、心さみしい上に、あっちのほうだってけっこうな欲求不満が溜まっちゃって……もう、オナニーには飽き飽きだよ～！

　そんなふうなある日のことでした。

　職場の書店でレジに入って接客していると、一人の男性客から支払いのどさくさにまぎれて一枚の紙片をこっそり渡されたんです。えっ？　と思って、その彼が去ったあとそれを確かめると、

『あなたのことが好きです。もしお話ししてくれる気があったら、閉店後の今晩八時過ぎに、向かいのド○ールで待ってます。　あなたのファンより』

と書いてあり、なんと今どき珍しい直球のラブレター的なものでした。

実はその相手の男性のことは、私も常々存在を気にしていました。週に二～三回はやってきては、その都度買っていく本もなかなか趣味がよくて……あと、なんといっても自分好みのインテリイケメンっていうかんじで気になってたんです。

そう、いわば相思相愛の関係といってもいいでしょう。

私はなんのためらいもなく、彼の要望に応えることにしました。

はっきり言って、正式に交際する価値のある人間性かどうかなんて、まだわかりません。でも、それをいったら向こうにとって私も同じ。とりあえずは話してみなくちゃわかりませんよね？　それに、何度も言うようで申し訳ないのですが、私、とってもそのとき飢えてたんです、男に。だから。

紙片に書いてあったとおり、その時間に彼はそこにいました。

「こんばんは」

「あ、こんばんは。来てくれたんですね。ありがとう」

それから自己紹介的に少し互いに話すと、彼は志村さんといって、私より一つ年上の二十七歳で、仕事はＷＥＢデザイナーということでした。

それからとてもいいかんじで話が弾んだので、場所を変えて少しお酒を飲みながら二人で食事をしました。そして、なかなか盛り上がってきたなあと内心わくわく思っていたところ、彼がとんでもないことを言いだしました。

「今日はつきあってくれてどうもありがとう。お互いに連絡先も交換し合ったことだし、この先もいいおつきあいができることを楽しみにしています。それじゃあもう遅いから、今日はこの辺で……」

ちょっと待った〜〜〜〜！

いいオトナの男と女が、こんな程度でお別れですか〜？　最初のデートだから？　冗談じゃない！　私、あなたのことが気に入っちゃって、もうやる気満々ですよ〜？

あまりの仕打ちに憤慨した（？）私は、彼に喰ってかかっていました。

「はっきり言うわね。私、今すぐ、あなたとエッチしたいの。カラダから始まる愛があってもいい……なんて、何かの文句じゃないけど、それがこれからおつきあいを続けるかどうかの、私の条件。ね、どうする？　そんなの、認められない？」

すると彼は、一瞬あっけにとられたような顔をしましたが、すぐに明るい笑顔になって、言いました。

「もちろん、いいとも。僕も正直、きみとしたくてしたくてたまらない。きみがいいって言ってくれるんなら、こっちこそ望むところさ」

話は決まりました。

私って、見た目はちょっと地味でおとなしいイメージなものだから、エッチにも消極的なんじゃないかと誤解してる人も多いみたいだけど、はっきり言いましょう。オンナなんてぶっちゃけみんな肉食系ですよ！　ホンネはやりたくてやりたくてしょうがないんですってば！

そうやって意気投合した私たちは、すぐにホテルに向かいました。

そして、部屋にチェックインするなり、一緒にお風呂に入り、お互いに体を洗いつつ、私は彼の前に膝をついてフェラチオを始めました。

「えっ、えっ……そんな、いきなり……？」

「……いや？」

あっという間に勃起したカレのペニスが、その答えを雄弁に物語っていました。それは線が細くインテリ感の強い彼の見た目に反して、太く力強く脈打って……私の仕掛ける口戯に合わせて、ビクビクと全身を震わせて、ますますいきり立っていくようでした。

「あ、ああ……すごい……きみのも、舐めさせて……」

私は彼に促されるままに浴槽の縁に腰かけ、両脚を左右に大きく広げました。そしてそこへ彼の顔を迎え入れ、その唇から、舌から、歯から繰り出されるやさしく執拗な愛戯に肉壺を淫らに震わせ、とめどなく愛液をしたたらせました。

「あん……はぁ、ああ、んくぅ……はぁあっ……あっ！」

思わず軽く一度、イッてしまいました。

彼は私のその様子を見てやさしく微笑むと、シャワーでお互いの全身の泡を荒い流し、きれいにしてくれました。

そして私たちはさらに深く愛し合うべく、ベッドへと向かいました。

そこでもう一度、シックスナインでお互いの性器をたっぷりと味わい合いました。

彼の先端から滲み出したガマン汁は魅力的な苦さで、私はさらに昂ぶります。もうたまんない、となったところで、私はガバッと体を起こすと、彼を仰向けにさせてその股間の上にまたがろうとしました。すると、

「あ、ちょっと待って」

彼はそう言って、ペニスにコンドームを装着しました。

「ありがとう」

私がそう言うと、

「きみとは大事につきあいたいからね、当然さ」

そう応えて、彼は下からぐぐっと挿入し、突き上げてきました。深々と刺さった肉棒が私の肉ひだを掻き分け、肉洞をえぐってきます。

「ああっ、あっ……いい、いいの、ああん……」

彼のリズミカルな上下動のたびに甘美な快感が腰元で弾け、私はたまらなく、何度も何度も喘ぎ声をあげてしまいました。

「あっ、あっ、あっ……あ、ああ、く、くる……あ、あああっ！」

私が最高の高みに昇ろうと差し迫った、まさにその瞬間、彼のほうも性感を極め、めいっぱいペニスを膨張させたかと思うと、すごい勢いで破裂させ、コンドームを突き破らんばかりに大量の射精を遂げました。

初めての交合としては、上々の結果だったといえるでしょう。

え、そのあとどうしたかって？

とりあえず、彼は今のところ私にとってはセフレ止まり。

ちゃんとつきあうかどうかは、もう少し考えさせてもらおうと思ってます。

■私は制服の前から乳房をさらし覗かせたまま、ペニスを咥えさせられ……

まさかの婦人警官コスプレHで禁断のカイカン大爆発！

投稿者　猫田理子（仮名）／25歳／専門学校職員

私、服飾系の専門学校に通ってて、卒業後、そのままそこに職員として就職しました。まあ、そっちのほうの才能はさっぱりなかったったっていうことで（笑）。で、つい最近になって先生の一人とつきあい始めました。

斉藤先生（仮名）といって、年齢は三十三歳。

若い頃は新進気鋭のデザイナーとして自分のブランドなんかも持ってたりして、そこそこ有名だったらしいのですが、いろいろ事情があってそんな諸々を全部整理して、今は一介の講師として教えているっていう感じです。なんかお金のこととか人間関係とか、すごい大変なことがいっぱいあったらしいですよ～……いや、詳しくは聞けないけど。

ただ、そんな斉藤先生、既婚者ということでもちろんおおっぴらにつきあうことはできず、こっそりコソコソ秘密交際が基本。しかも、私は安月給、先生も自分の自由になるお金はあんまりないとかいうもので、デートはもっぱら学校内ばっかり……いや、デートっていっても要はエッチする場所っていうことですけどね。

まだそんなにあちこち試したわけじゃないんだけど、今のところ一番のお気に入りの場所は実習準備室です。まあ要は、服づくりの実習なんかに使う布地や端切れといった材料を保管してある倉庫みたいなものですね。

そこにはちょっとユニークなものもいっぱいあって、中でも私たちがエッチするときに重宝してるのが、ふんだんにストックされているいろんな職業のコスチューム類なんです。参考資料として各所から集められた古着や不用品みたいなものばっかりなので、煮るなり焼くなり（切るなり破くなり？）気兼ねなく使うことができます。

そう、ここでするコスプレHにハマってるっていうわけです。

それにしても、先週のはすごかったなー。

斉藤先生がいきなり、

「おい、今日ヤルぞ！　放課後な！」

って言ってきて、なんだかすごく息巻いてる様子。

何があったんだろー？　って思ったけど、まあ理由はともかく、ヤルこと自体は私も大好きなので、業務時間の終わった放課後、女子トイレでいつもどおりアソコをちょっときれいに拭いたりといった身支度を整えてから、実習準備室に向かったんです。

「さあ、今日着るのはコレだ！」

私が部屋に入るなり、斉藤先生が突きつけてきたのは、なんと……、〝婦人警官〟の制服でした。

モノ自体があるのは知ってましたが、さすがにコレを使うのは初めてです。

「こないだの日曜日に車乗ってて、つい運転しながらスマホで話してたら、間が悪いことに隠れて取り締まってた警察に捕まっちゃってさ。まあもちろん、悪いのはこっちなんだけど、そのときの婦警がもうホント、ムカつく態度でさ！　一緒にいた男の警官のほうが一応敬語で話してるっていうのに、その婦警のほうはオレのこと〝アンタ〟呼ばわりだぜ？　あ〜、今思い出してもあったまくるな〜！」

ですって。

なるほど、そういうことなわけね。私は納得しました。

ってことは、今日はその怒りモードで凌辱っぽくいくってことか……うん、嫌いじゃない、嫌いじゃない（笑）。

私は言われたとおり、婦警さんの制服に着替えました。もちろん、プレイが進行しやすいようにブラとパンティは着けませんでした。

そして私が着替え終わるなり、カチッと彼のスイッチが入りました。

「おい、こないだはよくも人のこと、コケにしてくれたな！　婦警風情がいったい何様だと思ってんだよ！」

もちろん、私も同調します。

「な、何よ、アンタ、国家権力にたてつくつもり⁉」

「うるせー！　何が国家権力だぁ、公僕風情がぁ！　主権在民なんだよ！　今日はそのカラダに本当の身の程ってものを叩き込んでやるよ！」

何言ってるかよくわかりませんでしたが、私は彼にグイグイ迫られるままに、その場に押し倒されました。でも、ここで簡単に降参してしまっては彼の興をそぐことがわかってましたから、引き続き反抗の態度を示して、

「や、やめなさい！　公務執行妨害で逮捕するわよっ！」

「はん！　公務執行妨害どころか、婦女暴行の被害者にしてやるよっ、おらぁ！」

案の定、彼はノリノリで、婦警の制服の上から私の胸を荒々しく揉みしだいてきました。分厚い制服の生地の下で、私のHカップの乳房がモミクチャにつぶれます。

「おおっ！　お高くとまってるくせに、制服の下はノーブラかよ！　とんだ淫乱メス犬じゃねーかよ！　しかもこの巨乳……ふざけんなぁ！」

ふざけるって何？（笑）

高まり続ける彼のテンションに煽られるように、私のほうも興奮してきてしまいました。荒々しい揉みしだきに応えて乳首がジンジン、ツンツン、疼き尖ってきてしまうのがわかります。

「ああっ、イヤ、ダメッ……はぁッ！」

制服の前ボタンが引きちぎられるように外され、乳房がユサユサと覗きます。

「くぅっ、なんて格好だ、このエロ婦警がぁっ！　おい、どうしてくれんだよ！　そんなザマ見せられて、オレのもこんなになってきちまったじゃねぇかよ！　ほら、責任とってしゃぶれよおっ！」

「あ、ああっ……」

私は髪を摑まれ、制服の前から乳房をさらし覗かせたまま、ペニスを咥えさせられました。ギンギンに勃起した先端に喉奥を突かれ、苦悶にえづき喘ぎながらも、同時に恐ろしく性感を煽られてしまいます。

私はM字開脚のような体勢になると、スカートの奥に手を突っ込んで自分のマ○コをいじくり回しながら、激しくフェラチオしました。

「うおおっ、た、たまんねぇ！　き、きもちイイ～っ……くそぉ！」

いよいよ昂ぶった彼は、私を床に四つん這いに押し倒すと、後ろからのしかかるようにペニスを突き立ててきました。

「ひあっ……は、ああ、あああぁ〜っ！」

激しいエクスタシーに貫かれて、私は恥も外聞もなく悶え叫んでしまいました。

「ううっ、婦警のマ○コ、狭い……締まるぅ、くふぅ……！」

高速で腰をピストンさせながら、彼のほうもせつなげに喘ぎ、一段と動きが激しくなったかと思うと、瞬間、ペニスをヌルンと抜いて、私の腰のほうに向けてドピュドピュと射精し、婦警の制服のスカートをべっとりと汚しました。

「あ、ああああ………」

私も床にくずおれるようになってイキ果てていました。

最高にテンションの高いプレイに私たちはもう大満足。

さて、次回はどんなコスプレHで愉しみましょうか？

■いつしか私たちは互いの性器をあらわに剝き出し、雌雄を対峙させて……

娘の入園式でよその父親と淫らに交じわってしまった私

投稿者　新沼千恵美（仮名）／26歳／専業主婦

ひとり娘の麻衣が幼稚園に上がることになり、その入園式に参列したときに体験した出来事をお話しししたいと思います。

その日は平日でしたが、他の新入園児たちはほとんど両親が顔をそろえて来ていました。きっと皆、かわいいわが子の晴れの日ということで、仕事を休み都合をつけて駆けつけたのでしょう。

そう思うと、私は言いようのない寂しさに包まれました。

なぜなら私は自分一人だけの参列で、そこに夫はいなかったから。

実は三日前、夫の浮気を疑わせるような事件が起き、そのことを私が追及すると、逆ギレするかのように家を飛び出し、それ以来、夫は帰ってきていなかったんです。

私が夫を愛しすぎているあまり、異常なまでに感情的に責め立てすぎたのが悪かったのかもしれません。

でも、仕方ありません。

私は周りの家族が皆仲睦まじく楽し気に式に臨んでいるのを尻目に、一人寂しく式場の壁際にたたずみ、式の列に並んでいる娘が時折こちらを見て笑顔を向けてくるのに、精いっぱいの作り笑いを浮かべて応えるしかありませんでした。

と、いきなり誰かに声をかけられました。

「あなたも今日はお一人ですか？」

隣りに立ち、小声でそう聞いてきた相手は、品のいいスーツに身を包んだ、私よりも少し年上とおぼしき男性でした。背格好は夫とそう変わりませんでしたが、スーツの生地を内側から押し上げるようにしてパンパンに張り詰めたそのカラダは、かなりの筋肉質であることを窺わせました。少し緩めの体形の夫とは、明らかにその肉体の密度が違う感じでした。

「あ、はい……夫は今日、都合が悪くて……」

「うちも妻がそうなんですよ。他のところはほとんど両親そろってって感じだから、お互いになんだか肩身が狭いですよね」

「ええ、そうですね……」

彼の笑顔があまりにやさしく、ソフトで甘い声だったもので、私はまるで吸い込まれるように、さしたる抵抗感を覚えることもなく、ごく素直に応えてしまっていました。……が、続く彼の行動に思わずギョッとしました。

体を密着させるようにして隣りに立った彼が、私の手をとってつないできたんです。もちろん、周囲からは見えない絶妙の角度を保って。

さすがに驚いた私は、精いっぱいの小声で訴えるように言いました。

「な、何するんですか？　手、放してください……！」

ところが彼の返事ときたら、

「え？　いやなら振りほどけばいいじゃないですか。僕、そんなに強く握ってないですよ？　そのつもりなら簡単に振り払えるはずだ。違いますか？」

違いませんでした。

そう、私はつながれた彼の手に、言いようのない心地よさを感じていたんです。あったかくて、でも吸いつくようにしっとりとして……つながれていやなどころか、むしろもっと強く握って、と思ってしまっていたぐらいで。

何の抵抗もできない私の心中を見通したかのように、彼はさらに畳み掛けるように言ってきました。

「このあと子供たちが着席して、園長先生の話やら何やらあって……たぶん式は優に二十分以上あるでしょう。ねえ、どうです、私といっしょにちょっと席を外しませんか？　お互い寂しい保護者同士、意義ある交流を持ちましょうよ。ね？」

そのとき、人妻でありながら、よその男性に言い寄られる隙を見せてしまっている自分の倫理的甘さに対して憤りつつ、同時に抗いようのない昂りを感じ、心身ともに恍惚としている己がいました。

ああ、私を手ひどく裏切って、どこかのクソ女と不倫してる不実な夫とは真逆に、私のことを欲し、誘惑してくれるこんな素敵な男性がいる……。

ねえ、どうするの、私……？

……なんて葛藤したのもほんの一瞬、私はすぐに落ちていました。

それは、憎き夫に対して仕返ししてやりたいという気持ちの部分もさることながら、今すぐこのそばにいる男に抱かれ、激しく愛されたいという肉体的欲求に大きく突き動かされたものでした。身もふたもない言い方をするなら、つないだ彼の手から、そして互いの衣服の生地を通してでも伝わってくる熱くセクシャルな脈動の奔流に刺激されて、アソコが疼いてしょうがなくなってしまったんです！

「……ええ、いいわ。行きましょう」

私がそう言いながら、ぎゅっと強く彼の手を握り返すと、彼はニヤッと笑い、辺りを窺い周囲からの注意を引かないようにさりげなく私の手を引いて歩きだしました。

　というか、保護者の皆はほぼ互いに初対面なわけで、私と彼が連れ立って歩く姿はごく自然にまっとうな夫婦・両親のそれとして映ったかもしれません。

　手に手をとった私たちは式会場の講堂を出て、廊下をしばらく行った先にあるトイレに入りました。そして一番奥の個室に身を押し込むと内側から鍵をかけたのですが、鍵がちゃんとかかったかどうかを確かめる寸暇を惜しんで、唇を重ねると激しく互いの口を吸い、舌をむさぼり合いました。

「んぐ、うう、んじゅっ……あぐ、くふぅ……」

「はぁはぁはぁ……じゅぶ、んぶ……んあぁ……」

　淫らにぬめった吸引音とあられもない喘ぎが狭い個室内に満ちる中、私と彼は互いの服を引きむしるように脱がし合っていきました。

　スーツとYシャツの下から現れた彼の裸体は、案の定美しくたくましい筋肉に覆われ、その圧倒的な胸筋に押しつぶされるように抱きしめられた私の丸く白い乳房は、秘めやかで妖しい軟体動物のようにうねり身をくねらせ、じっとりと汗ばみながら肌を薄桃色に火照らせていきました。

「……あ、ああ、んあぁ……」

「ああ、すてきだ……極上のカラダだよ……じゅぷっ、じゅるじゅるる〜〜〜〜！」

彼は私の乳首にむしゃぶりつき、激しく音をたてて吸い啜り上げました。怒濤の快感の奔流が私の全身を駆け抜け、喜悦の美電流に性感が痺れまくります。

「ひあっ、あっ……んあぁぁっ……！」

いつしか私たちは互いの性器をあらわに剥き出し、雌雄を対峙させていました。

彼のペニスは今にもはち切れんばかりの勢いで勃起して、その先端から透明なガマン汁を滲み出させ、私のヴァギナも赤身のひだをてらてらとぬめり光らせ、濃厚な愛液を今にも滴らせんばかりに淫らに湛えて……もはや私たち自身の意思に関係なく、互いの淫力に引かれ、求め合っているかのようで、あっと思う間もなく、何の避妊の手立ても講じることなしにズブリと合体してしまいました。

「ああっ、はぁ……あ、あああっ！」

「んぐぅ、くふっ……あうっ！」

その待ちかねた快感に煽られるままに互いの咽喉から喜悦の喘ぎが弾け響き、さらにそれに後押しされるように肉の交合のピッチが上がって激しさを増して……ヌッチャ、グッチャ、ズップ、ズチュ、ヌチュブ、ジュブジュブ！　……私たちは互いにしっかりときつく抱きしめ合い、腰を打ちつけ合い、ケダモノのようにむさぼり合っていました。

するど、いよいよ追い詰められた私の性感が悲鳴を上げ、クライマックスが押し寄せてくるのが感じられました。

「ああっ、あ、ああ……も、もうダメ……イク、イッ……イッちゃうのおっ……」

「ああ、僕も……僕もイキそうだよ……くぅっ……」

「……あぁっ……な、中に出さないでぇっ……あ、ああ……ああああああっ！」

「……んっ、んぐっ！　くぅぅぅっ……！」

私はオーガズムに達しながら、彼がフィニッシュの直前でペニスを抜いて外出ししてくれたのを認識していました。ふ〜っ、一安心。

今の段階で、まさか私のほうが先に、よその男の子供を孕んだりするわけにはいきませんからね。あともうちょっと夫のことを信じてあげないと。

事後、何事もなかったかのように講堂に戻った私たちは式を最後まで見届け、その後それぞれ我が子を連れて帰路についたのでした。

■クリちゃんを舌先で舐め転がしたあと、肉ひだの中を激しくえぐり回してきて……

身も心も大満足！初めてのスワッピング体験

投稿者　藤倉紗栄子（仮名）／30歳／パート主婦

私たち夫婦、この頃なんか倦怠期気味だな～って思って。

前はほぼ必ず週イチでセックスして、それなりに楽しく気持ちよく満足してたっていうのに、それがだんだんと週イチから月三になり、今や月イチも危ういっていう有様で……アタシもダンナも、な～んか燃えないっていうか。

と、そんなモヤモヤした思いを感じてたある日、ダンナがこんなこと言いだして。

「なあなあ、おまえ、スワッピングって知ってる？　そ、日本語でいうと『夫婦交歓』ってやつ。二組の夫婦がお互いのパートナーを取り換え合うことで、相手が変わることはもちろん、自分のパートナーが別の相手としてるのを見ることで、かつてない新鮮な興奮と快感が味わえて、マンネリ打破にも最適！　……って、これは俺に教えてくれた奴の受け売りなんだけどね」

スワッピング……夫婦交歓……アタシとしては初耳だった。でも、聞いてるだけですっごく刺激的！　アタシ、けっこうセックスに関しては奥手なほうで、そもそも初体験が大学二年のとき、それから二十六歳で今のダンナと結婚するまでの間に経験した相手は他に一人だけで、その後はダンナ一筋。だもんで、こんな不倫と複数プレイと露出プレイが一緒くたになったようなエッチ、まるで盆とクリスマスと正月が一緒に来たような（笑）インパクトだったわけ。

「お、その顔はまんざらでもないってかんじだな？　そいつ、俺がよく行くＢＡＲの仲のいい飲み仲間なんだけど、一度奥さんと一緒にどうですか？　って誘われててさ。ＯＫって答えていいよな？　大丈夫！　身元はちゃんとした奴だし、経験豊富だし。しかもなかなかのイケメンだぜ？」

もちろん、断る理由があるでしょうか？（笑）

ってことで翌週の日曜日、早速、人生初スワッピングに臨むことに。

先方夫婦と待ち合わせたのは郊外にある某ラブホテルで、指定されたスペシャル・ルームに行くと、そこはすっごい広くて、キングサイズのベッドが二つ並ぶ大迫力の一室。ここで向こうのダンナとヤッて、うちのダンナが向こうの嫁とヤるのを見て……と想像するだけで、だんだん身も心もゾクゾクしてきちゃう。

そこへ先方夫婦が登場！

ご主人はタケルさん（三十三歳）といい、たしかに聞いてたとおりのなかなかのイケメンで、よしよしというかんじだったんだけど、びっくりしたのは奥さんのハルナさん（二十九歳）のほう。こちらもかなりの美人なんだけど、そのプロポーションがすごい！　バストは優に九十センチはありそうな美巨乳のうえに、ウエストはキュッとくびれてヒップラインも美しく、しかも透き通るような色白美肌……なんだかこんな魅力的な女性とヤる、うちのダンナに嫉妬しちゃうような……ヘンな気持ち。アタシも彼女のダンナとヤるっていうのにね。

それから双方の夫婦で順番にシャワーを浴びて、さっぱり身ぎれいにしたうえで、お互いのパートナーを変えてそれぞれのベッドに上がった。

アタシはタケルさんと。

旦那はハルナさんと。

タケルさんがアタシの体をやさしく抱くと、唇にキスしてきた。最初はちょっと抵抗があったけど、タケルさんのキスは、いつもおざなりなダンナとちがってすっごく繊細かつ濃厚で……チロチロと舌先で歯の裏側まで舐められ、ジュルジュルと音をたてて唾液を啜り上げられてるうちに、そのあまりの気持ちよさにもう恍惚としてきちゃって……いつの間にかすっかり没入してしまったわ。

「はぁ……奥さん、とっても魅力的ですね」

「そんな……ハルナさんこそあんなにステキなのに、アタシなんか……」

「奥さんのほうがずっとかわいいですよ」

たとえウソでも、そんなふうに甘く囁かれるとめちゃくちゃ心地いい。いつの間にかアタシの胸のほうに下りていったタケルさんの顔に、舌と唇、そして歯を駆使して、ペロペロ、クチュクチュ、コリコリと乳房と乳首を可愛がってもらいながら、その甘い囁きの響きに覆われて、性感は際限なく昂っていっちゃう。

「……んあっ、はぁ……あんっ……」

「ほら、こっちももうこんなに濡れて……奥さんの甘い蜜、味わわせてもらうね」

タケルさんは指でアタシの濡れ具合を確かめると、さらに顔を下げていって、その口で恥ずかしい秘部をとらえた。そしてクリちゃんをさんざん舌先で舐め転がしたあと、肉ひだの中を激しくえぐり回してきて、アタシはその快感にたまらず背中を反り返らせて、喘ぎ悶えちゃう。

「ひあっ、ああっ……んあぁっ！　はっ、はぁ、ああ……！」

そして横目でダンナのベッドのほうを見やると、向こうはハルナさんのほうがフェラチオしてる真っ最中だった。ベッドの上に仁王立ちになったダンナの前にひざまずいた彼女は、巨乳を激しく揺り乱してペニスをしゃぶり、いわゆるバキュームフェラのその迫力はまさに圧倒的！　アタシは嫉妬と興奮がないまぜになったような、えも言われぬ感覚に襲われ、昂るテンションのままに股間にあるタケルさんの頭を押さえつけて叫んじゃってた。

「ああん、もっと激しく！　めちゃくちゃ啜ってぇっ！　ああ……そう、そうよ！　いいわあ！　感じるぅっ……！」

「ふぅ……奥さん、すごい感じ方だなあ。こんなにドロドロに蕩けまくっちゃって……もう早く入れてほしくてたまらないって感じだ。じゃあ、ご要望に応えて突っ込んじゃおうかな、俺の自慢のチ〇コ！」

「うん、うん！　入れて入れて！　奥の奥まで突っ込んでぇっ！」

アタシはそう言うと、昂るままに大股を広げて、その中心に彼の勃起したペニスを迎え入れた。太さはそれほどでもないけど、二十センチ近くはあろうかというそのロング・チ〇コは、速く激しいストロークで繰り返しアタシの胎内奥深くまで突きまくってきて、ガツンガツンと快感の火花が飛び散るみたいだった。

するとむこうのベッドから、

「ああっ……いいわあ！　オチ〇ポ太い～～～っ！　ひいいいぃぃっ！」

ハルナさんの喜悦の叫びが聞こえてきて、見てみると、四つん這いになった彼女のバックから、うちのダンナがケダモノのような迫力でピストンを打ち込んでた。

「あ、ああっ……んあっ、はぁあ……あひぃ！」

「んくっ、うっ……はひぃ、ひっ……ああああっ……」

アタシとハルナさんのあられもなく喘ぐ声が部屋中に響き渡り、もつれ合い……その合間に「ふっ、ふっ、ふ……んっ、ふぅ、うう……！」と、双方の夫たちの荒い息づかいが聞こえ、辺りを生々しく濃密な官能の空気が満たしていく……。

結果、アタシは、ここ最近とんとご無沙汰だった失神しそうなほどのオーガズムに達し、もう大満足！　しかも、まぶたに焼き付いたダンナとよその女との痴態が、その後も絶好の刺激剤として作用して、アタシたち夫婦の性生活もそれなりに復活することができたというわけ。

ほんと、いいこと尽くしのスワッピング体験だったわ。

倦怠期気味のあなた、ぜひ一度試してみて！

■恵理さんの責めは一段と激しく濃厚になり、私の乳首をコリコリと摘まみこね回して……

露天風呂の湯船の中、女同士の妖しい指戯に弄ばれて!

投稿者　木下沙羅（仮名）／33歳／パート主婦

近所に新しくスーパー銭湯ができました。売りは県内一の広さを誇る露天風呂で、新聞の折り込みに入っていたその写真は、とってもきれいで魅力的なものでした。

パート仲間の恵理さんにそのことを話すと、

「いいわね、それ！　今度の二人のパート休みの日に行ってみましょうよ」

と大乗り気で、早速翌週の二人の休勤日の木曜日、お互いにちょうど都合のいい夕方の五時くらいから出かけることにしました。

その日は昼間、秋晴れのいい天気でしたが、陽が落ちてくると徐々に気温が下がってきてちょっと肌寒く感じるほど。でも逆にそのくらいのほうがお風呂日和よね、ということで、私たちは喜々として受付で料金を払い、入館したんです。

女湯の脱衣所で、自分に割り当てられたロッカーの前で服を脱ぎ始めた私たちでしたが、私は恵理さんのほうを見て思わずドキッとしてしまいました。

もちろん、彼女とこういうところに来るのは初めてで、いわんや裸を見る機会なんかこれまで一度もなかったのですが、パート先の野暮ったい惣菜工場の制服姿からは想像もつかない、その豊満で美しいプロポーションに目が釘付になってしまったんです。張りのある豊かなバスト、キュッとくびれたウエスト、美しい曲線を描くヒップライン……うわ、とても私より二つ年上の三十五歳とは思えないわ。エステでも行ってるのかしら？

と、そんな私の視線に気づいた彼女は、ふふっと何やら妖しげにほほ笑むと、

「さあ、入りましょう？　露天風呂、楽しみねー」

そう言って、浴場の扉に向かって私の手を引いていきました。

中にはジェットバス機能のついたものや、かなり湯温の熱いものなど大小四つの浴槽の他にサウナ室もあり、お目当ての露天風呂はそれらを過ぎた先、壁一面のガラスサッシのドアを開けた野外にありました。

平日の夕方ということで他のお客さんもほんの数えるほど。先に体を洗った私たちは、ガラガラの浴場内を突っ切って、露天風呂のほうへと向かいました。

「ねえねえ、あっちの一番奥のほうへ行きましょう？　植込みの紅葉がとってもきれいじゃない？」

「ええ、いいですね」

私は恵理さんに促されるままに従い、二人して誰もいない露天風呂の奥のほうへ、ジャブジャブとお湯の中を進んでいきました。

「あ〜っ、きっもちいい〜〜！」

「ほんとですねえ〜……こんな広い露天風呂、まるで私たち二人だけで独り占めしてるみたい」

一番奥の岩壁に背をもたせかけ、湯船の中に身を沈めた私たちは、互いに快適さを言葉に出し合いました。

するとそのうち、私と恵理さんの間の距離が妙に近いのに気がつきました。さっきまで三十センチほどはあったはずなのに、なんだかもう二人、今にも密着せんばかりの距離感で……例の魅惑的な恵理さんのボディが、ゆらゆらと水面下でうごめき、まるで私のことを蠱惑してくるみたいです。

「うふふ、今日は嬉しいなあ……沙羅さんとこんなふうに過ごせて。本当は私ね、ずっと沙羅さんと仲良くしたかったんだ」

「え？　十分仲良くさせてもらってると思いますけど……？」

「ううん、そういうことじゃなくって……ね？」

私が突然の恵理さんの思わせぶりな物言いにちょっととまどっていると、彼女は次の瞬間、さらにぐっと距離を詰めてきて、とうとう二人の体はお湯の中で完全に密着してしまいました。

「あ、あの……え、恵理さん……？」

私が予想外すぎる展開に動揺し凝固していると、恵理さんは湯船の下でさわさわと私の背中を撫でさすってきました。その指先は背骨に沿うようにして上から下へ、下から上へと怪しげな虫のように這いすべり、なんだかゾクゾクするような感覚を覚えてしまいました。

「ふふ、感じてるみたいね？　……同性とこういうことするのって、初めて？」

「……っ！　も、もちろんですっ……！　こんな変態みたいなことっ！」

恵理さんの問いかけに、つい本能的にそう答えてしまうと、妙な罪悪感が湧き上がってきました。私にそう言われた恵理さんの顔が悲しそうにかげったからです。

「あ、あの……ご、ごめんなさい……私ったら……っ」

「ううん、いいのよ。免疫のない人は誰だって最初はそう思うわよね、こんな異常なことって……でも、しょうがないのよ。私、一応世間体的に結婚して子供もいるけど、本質はこっち……女のほうが好きなレズビアンなんだもの」

改めて口に出されるとショックでした。まさか恵理さんが……⁉

「ねえ、おねがい、今日だけでいいから、あなたのこと、愛させて。さっきも言ったでしょ？　沙羅さんのこと、ずっと好きだったの。ね、お願い！」

恵理さんは刺すようにまっすぐな視線でそう言うと、今度は私の乳房をムニュムニュと揉みたててきました。さらに直接的なふるまいをされて、私は一瞬嫌悪感を覚えましたが、すぐに未知の感覚にとらわれ、とろけるような気分に包まれていきました。

夫をはじめ、これまでにつきあってきたすべての男から、これまで力任せでぞんざいな愛撫しか受けてこなかった私にとって、恵理さんのその愛撫は、繊細で柔らかくてデリカシーに満ちていて……女の性感のツボを知り尽くした、驚くような深く新鮮な快感を与えてくれたからです。

「あ、ああ……恵理さん……私、なんかへんなかんじ……」

「ああ、好きよ、沙羅さん……大好き！」

そう言うと、恵理さんの責めは一段と激しく濃厚になり、私の乳首をコリコリと摘まみこね回しながら、もう一方の手は下半身に忍んできて、閉じた太腿をこじ開けるようにして股間に指を侵入させてきました。

「あっ、だ、だめ……そんなとこ、え、恵理さん……っ！」

「だめじゃないでしょ？　ここはそんなこと言ってないわよ？　熱くいやらしくひくついて、まるで私の指を呑み込まんばかりにぬかるんでる……」

「あっ、あ、はふ……んんっ、んくふぅ……！」

恵理さんの指の抜き差しは、みるみる早く深くなっていき、私、あまりにも気持ちよすぎて、もう何がなんだかわからなくなってしまって……！

「ああ、ほら、いいでしょ？　きてるでしょ？　ほら、ほら！　沙羅さんっ！」

「……っっっ……！」

私は恥ずかしながら、お湯の中で大量の愛液をしぶかせながら、イッてしまったんです。挿入なしで果てるなんて……男とのセックスではあり得なかった経験でした。

「うふふ、どうだった？　女相手のエッチの感想は？」

「はぁ、はぁ、はぁ……と、とっても気持ちよかったです……」

「そう、よかった。じゃあ、今日はこの辺で。どうもありがとうね」

その後すぐにそこを出て、恵理さんと別れて家に帰りました。

それ以来、その女同士の快感が忘れられなくて……いつ恵理さんに、自分から次のお誘いをかけようか、悩み中の私なんです。

■私は亀頭のくびれに歯を当てて噛みながら、そのまま竿の上を上下動させて……

快感！イケメンセレブ男を容赦なくいたぶって

投稿者　島崎綾香（仮名）／36歳／専業主婦

出会い系サイトで知り合った四十歳の男性。

なんでも、誰もが認める日本一の大学を卒業して一流企業に就職。その後起業して、今ではその会社が年商十億を上げるまでに成長してるってことで、なるほど、待ち合わせ場所に彼は、スポーティーなタイプのピカピカのベンツで現れ、私を拾ってくれました。見るからに仕立てのいいスーツに身を包み、立ち居振る舞いもとっても洗練されてて かっこよくて、さて、こんなイケメンセレブはいったいどんなエッチで私を楽しませてくれるんだろうって、ホテルのレストランで一緒に食事をしながら、期待は高まる一方でした。

食事を終え、いよいよ私たちは彼がとってあった部屋に入りました。

順番にシャワーを浴びて身ぎれいにして、お互いに裸にバスローブという格好になって、暗めに設定したオレンジ色の室内照明の中、向き合いました。

ああ、胸がドキドキ、アソコがズキズキしてきた……。

そして、私に近づいてきた彼が、そっと耳元で囁きました。

「僕のこと、縛って」

はあ？

私は思わずそう聞き返していました。

縛る？　どういうこと？

そう、彼はそっち系のヘンタイ男子だったのです。

「僕の両手両足をそれぞれベッドの四隅に縛りつけて、いやらしいことといっぱい言いながら、いたぶってほしいんだ」

マジか。めんどくさあ。それっていわば、自分は何もしないからご奉仕しろってことよね？　言葉を代えれば被虐嗜好のM男くん。

私、これだけスペックの高い男だから、さぞハイグレードなエッチをしてくれるんだろうって期待してたのに、やっぱり人間、学力とかエリートとか関係ないわね、バカはバカ、ヘンタイはヘンタイってこと。

でも、たぶん、言うとおりにしてあげれば、それなりの見返りはくれるはず……私は落胆を振り払い、開き直って対処することに決めました。

「わかったわ。じゃあ、容赦しないから覚悟してよね」

私は言い、バスローブを脱いでベッドに横たわった彼を、言われたとおり（用意がいいことに彼がちゃんと持参してきた、肌を傷つけない特別な素材で作られたロープを使って）ベッドに縛りつけました。

きっと、週二～三回はジムに行って鍛えているのでしょう。四十歳という年齢にしては引き締まったイイ体をしています。

でも、正直、肝心のアソコはそれほどのものには見えませんでした。

まあ、勝負は勃起してからだもんね。これからに期待しましょ。

私はそんなことを思いながら、自分もバスローブを脱いで、ベッドの上で大の字になった彼の前に全裸で立ち、威圧的に見下ろしました。

「さて、どうやっていたぶってあげようかしら。このちっちゃな乳首からかな？」

私はベッドの上に膝をつくと、自慢の長く伸ばした爪を使って、彼の両方の乳首を摘まみ、それなりの力を入れてねじり上げました。

「あはっ、は、くぅ……っ！」

彼の喘ぎは、苦悶を感じさせながらも、やはりそこにはM的な喜悦の響きがありました。その証拠に、乳首をさらにねじり上げるほどに、それはピンピンに立ってきて、まるで、もっともっとと訴えているかのようです。

「あらあら、こんなに乳首立てちゃって……とんだヘンタイくんねえ。そんな子には、もっと手ひどくお仕置きしてあげなくっちゃねえ」

私は次に、ずいと体を乗り出して彼の胸元に顔を持っていくと、今度は乳首を歯で嚙みながら、片膝を使って股間のアレを押しつぶすといういたぶりを仕掛けました。

乳首をギリギリと嚙みしめつつ、膝小僧をグリグリとまだ柔らかく小さい竿にねじ込ませると、

「はうっ、うう……く、くはぁっ……」

彼はさらに歓喜の色をにじませた、大きな喘ぎ声をあげました。

と同時に、膝小僧の下のモノが見る見る力をみなぎらせていくのがわかりました。

うわ、やっぱドM、これがいいんだ！

私はそう思うと楽しくなると同時に、だんだん自分も興奮してくるのがわかりました。乳房が張り、アソコが熱を持ってきています。

「ほらほら、これがいいの？　ほら、ほらっ！」

私はさらに膝のグリグリの圧力とツイスト具合を高めて彼を責め立てました。

あらあら、とうとう完全に勃起しちゃいました。

それは、ちょっと期待したほどの膨張度ではなかったけど、今となっては逆にそれが私の女王様的テンションを効果的に高めてくれたのです。

「何これ、勃起してもこの程度なの⁉　お粗末ねえ！　ほんと、あんたってどうしようもない男ねえっ！」

「ああっ、す、すみません！　許してくださぁい！」

私の叱責に、彼はさらにエモーショナルに反応し、滲み出した彼の先走り汁が膝小僧をネットリと濡らすのがわかりました。

「ダメ！　許さないわ！　お仕置きとして、私のココに奉仕しなさい！」

私は体を起こして、今度は上下逆さまに覆いかぶさると、今やS的興奮のおかげで汁気をたたえているアソコを彼の顔に押し付けてやりました。そしてオーラル奉仕を強制しながら、私も彼のモノを咥え込んだのです。

もちろん、ただのフェラではありません。それなりに力加減をセーブしつつ、亀頭のくびれに歯を当てて嚙みながら、そのまま竿の上を上下動させて……。

「んぐぅ、ふぐぅ、うううううううっ、ぐふぅっ……」

彼は悶絶しつつ、でもしっかりと勃起具合を上げながら、私のアソコを必死でむさぼってきました。そのメチャクチャな舌と唇の動きが逆に刺激的で、股間で次々と快感の火花が炸裂するかのようでした。

「んんっ、んはっ、はぁ……ああ、もうダメっ！」

いよいよ性感が極まってきた私は、噛みフェラをやめ、再び彼に正面から向き合う形で馬乗りにまたがると、騎乗位でモノの上にアソコを沈めていきました。そして、また彼の乳首を爪で思いっきりねじり上げながら、腰をバウンドさせるように激しく強制挿入を繰り返したのです。

「あ、ああっ、ああ、とっても……いいですぅ〜〜〜……」

「はっ、はっ、はっ……ほら、下からも目いっぱい突き上げるのよ！　そう、そうよ……もっと激しくぅ……あっ、あああっ！」

私はほどなくイッてしまいました。

でも、彼が射精しそうになる寸前に身をかわし、そのモノの根元をギュッと握り締めて、イクことは許しませんでした。

「あ、ああっ……そ、そんなぁ……」

その瞬間、彼は不満そうな声をあげましたが、案の定、それもまたM的悦びをいたく刺激してあげたようで、

「お、お願いです……そこ、ひもで縛り上げて、もう一回オマ○コに入れさせてくだ

さい……す、すごく、いい……」

ほらね。

私は言われたとおり、竿の根元を縛って精通を止める形にして、再び騎乗位で彼の上で腰を振ってあげました。

その間に私はさらに二回イき、最終的には彼の竿の縛めも解いてあげて、思いっきり射精させてあげました。いやもう、その量と勢いときたら、そりゃすごいものがありました。

私とのプレイにいたく満足したであろう彼は、別れ際に決して少なくはないお小遣いを手に握らせてくれました。また近いうちに会いたいって言われたけど、主人も来週には単身赴任から戻ってくるから、ちょっと難しいかもって答えました。

このように、私の初めてのプチ女王様エッチ体験は、なかなか楽しいものでした。

■私たちは湯船を激しくジャブジャブと波立てながら、お互いの下半身をぶつけ合い……

不倫相手の部長と熱海で過ごした最後の愛と官能の夜

投稿者　浜田舞（仮名）／24歳／OL

ショックでした。

大好きな栗田部長（四十一歳）の、北海道支社への転勤が決まってしまったんです。

その辞令が正式に出た日の夜、私と部長はいつものホテルへ行きました。

「あっ、ああ……あん、あん、あああ～～～っ！」

「ああ、いいよ……舞、舞、まい～～～～っ！」

私の乳房を引きちぎらんばかりに揉み搾りながら、ガツンガツンと打ち付けていた腰のピストンを止め、ブルブルと全身を震わせると、部長はドクドクと私の胎内に精液を注ぎ込んできました。

「あああっ、あたしも……イク～～～～～ッ！」

イキ果て、クタクタに消耗した事後、ベッドの上でぐったりとしながら、部長は腕枕した私に向かって言いました。

「少し前に人事部経由でそんな噂は聞いたんだけど……まさか本当に向こうへ飛ばされてしまうとは……やっぱり七月の○×物産との商談の失敗が尾を引いたんだろうなあ。こんな関係になってしまったのに、舞には本当にすまないと思ってるよ」

「ううん、いいんです！　元はといえば私が勝手に部長を好きになって、無理言って抱いてもらって……本当に部長には感謝してます……」

と、口では言いながらも、私は悲しみの感極まって、言葉を失くしてうつむくと涙にむせてしまいました。

「……う、うう、うっ……んぐっ、うぐ、うううううっ……」

「そ、そうだ、舞、旅行に行こう！」

そこで、いきなり部長が言いました。

「ほら、いつか二人で温泉に行きたいね、って話してたじゃないか？　結局これまで実現しなかったけど、二人の今生の別れに、思い出づくりに……そうだな、来週の土日にかけて、熱海に行こう！　なに、俺の家族にはなんとでも理由をつけてごまかすから大丈夫！　どうだ、いいだろ？」

「ほ、ほんとに？　行く行く！　あたし、死んでも行くわ！」

私は心から嬉しくて嬉しくて、たまりませんでした。

そして、約束の日までの十日という時間が、もう待ち遠しくて、待ち遠しくて……出発前夜は興奮のあまり一睡もできなかったくらいです。

そして当日、私と栗田部長はお昼すぎに東京駅で待ち合わせると、あえて新幹線こだま号に乗り込みました。少しでも二人だけのときを楽しみたくて、熱海までの四十数分という所要時間をまったりと……。

午後二時近くに向こうに到着した私たちは、まず予約していた旅館にチェックインすると、それから二人で宿周辺の観光スポットをいくつか回りました。絶景・奇景に声をあげて喜び、感動し、まるで童心に還ったように和気あいあいと楽しみました。そう、この夜繰り広げられるであろう、最後のオトナの男女の官能の饗宴と差をつけて、余計に盛り上げようとでもするかのように。

夕方六時から部屋での夕食となりました。

新鮮な海鮮を中心としたご馳走をいただき、アルコールは二人で瓶ビールの大を一本だけ飲む程度に留めました。こんな大事な時間、酔っぱらったりしてたまるもんですか。そしてその後、私たちはあえて温泉（大浴場）には浸からず、備え付けの部屋風呂での入浴を選択しました。

そう、今ここから、私たち二人の最後の濃密な時間が始まるんです。

脱衣所で全裸になったあと、まだいくばくか明り取り窓から差し込むオレンジ色の陽光を、ギリギリまでいつくしむかのように、私たちは浴室の照明を点けずに湯船に身を沈めました。部長が私の背を後ろから抱え込むような格好で。

背後からチュッ、チュ、チュと、部長が私のうなじから肩にかけてやさしくキスしてきました。どうということのない軽い愛撫なのに、なぜか今日は敏感に感じてしまいます。

「あ、ああ……あんっ……」

「舞、好きだよ……愛してる……」

「ああん、あ、あたしもっ……」

部長が私の耳朶を甘噛みしながら、両手で乳房を包み、チャプチャプと湯波の音をたてつつ揉みしだき、同時に乳首を指先で摘まんでコリコリとこね回してきました。

「あっ、あ、あふぅ……」

「ほらほら、かわいいなあ……ちっちゃな乳首がぷっくりと立ち膨らんできたよ」

「……いやん、ちっちゃいとか言わないでぇっ……」

「うふふ、ほんとかわいい……この世で一番かわいいよ、舞……」

私、胸があまり大きくないのがコンプレックスなんですが、部長はそんな私のウイークポイントも、ちょっぴり意地悪チックにではありますが、褒めそやして盛り立ててくれます。乳首の先端がジンジンと疼いてきました。

「んあっ、ああ……部長っ……はぁっ！」

私は身をよじらせながら官能に悶えると、体を回転させて部長のほうに向き直りました。そしてその胸にすがりつくようにして、彼の乳首に舌を這わせました。部長、こうされるのが大好きなんです。

「あ、はぁ……ま、舞……いいよ、気持ちいいっ……」

いつもの部長の甘くかすれたような喘ぎ。

そして次に、いつものように荒々しい部長の昂りが私の下半身の辺りを突き上げてきました。興奮で怒張したアレが、下で大暴れしてるんです。

私のほうもとっくに、アソコは十分ヌルヌルにぬかるんでいるので、部長の怒張を手に取ると、グイグイと引っ張り自分の中に呑み込んでいきました。

「あっ、ああっ！　部長、スゴイ～～っ！」

「んああ、舞……舞の中、ニュルニュルからみついてきて、気持ちいいよ～～！」

いつしかガッチリと正面から抱き合った私たちは、湯船を激しくジャブジャブと波立てながら、お互いの下半身をぶつけ合い、むさぼり合いました。

「はあぁっ……イク～～～～～～ッ！」

次の瞬間、私は最初の絶頂に達していましたが、まだまだこんなもので治まるはずもありません。

いったんお風呂を上がった私たちは、続いてもう布団の敷かれた部屋へと場を移すと、今度はシックスナインの体勢になって、お互いの性器を全身全霊をかけて舐め啜り、愛し合いました。このとき、部長は最初の射精を私の口内に注ぎ込み、私はそれを一滴もこぼすまいという熱意で飲み干したのでした。

それからなんと夜中の四時すぎまで、私たちは痴態の限りを尽くしました。

途中から部長はもう勃起も射精もできなくなり、私もアソコがひりひりと痛みを感じだし、濡れることもままならなくなりましたが、別にそれでよかったんです。

ただただ、二人だけの夜を一緒に過ごせさえすれば………。

そして部長は北海道へと旅立ち、私の前からいなくなりました。

とても寂しく、今でも時折部長を想って涙ぐんでしまいますが、あの熱海で過ごした最後の熱いときを胸に、がんばっていきたいと思います。

第四章　はじめての官能に狂って

■課長の愛撫に喘ぎながら、むさぼるように私のほうを見ているその男と目が合い……

夜の公園で初めての露出アオ姦プレイ体験に弾けて！

投稿者　南川あい（仮名）／28歳／公務員

普段、お堅い仕事をしている人ほど、一皮剝けば中身はドロドロって本当ですね。私、とある政令指定都市の市役所に勤めてるんですけど、上司の課長と不倫してます。あ、もちろん私は独身で、三十五歳の課長のほうが家庭持ち。しかも、子供がなんと四人もいたりして……まあ、根がスキモノであろうことは想像に難くありませんでしたけど。

私と課長がそういう関係になって、もうかれこれ一年近くが経とうとしていた、去年の九月のことでした。

その日はいつものローテーション的に、ホテルで密会してエッチをする日だったのですが、課長が急にこんなことを言いだしました。

「今日はちょっと趣向を変えてみないか？　きみ、アオ姦ってしたことある？　一回してみたいと思わない？」

アオ姦っていうと……野外でエッチするってことですよね？

もちろん私、そんな動物みたいなこと、したことありません。

冗談やめてくださいって言おうとしたんですけど、そこでふと考え直しました。確かにその時、課長がそんなことを言いだした気持ちもわかったんです。私たちの関係も大概長くなってきて、はっきり言ってちょっとマンネリ気味……そこでちょっと変わった刺激を加えてリフレッシュしたい……そういうことだろうと。

なので、ちょっと不安ではあったんですが、課長の提案を受け入れてあげることにしました。

「ようし、じゃあ早速行こうか！　ここから車で三十分くらいの場所だ」

へ？　アオ姦するのにわざわざそんな所まで行くの？　という私の問いに課長は、

「ああ。この界隈だとそこが一番のメッカで、そりゃもうすごいらしいんだ」

と答えました。

メッカ？　すごい？

アオ姦って、その辺の人気のない野外で、エッチするだけじゃないの？　なんでそんなもったいぶった感じになるわけ？

私はとまどいましたが、とにかく課長に任せることにしました。

時刻は夜の十一時すぎくらい。課長の運転で着いた先は、とあるそこそこ大きな公園でした。子供向けの遊具がおいてあるような所ではなく、木々が豊富に植えられ、小山みたいな造成もそこここに施された、いわば自然公園的な造りの所だったのです。

それはまあいいとして、驚いたのはその賑わいっぷりでした。

公園前の駐車場には何台もの車が駐められ、公園内のそこかしこに何組もの男女のカップルがうろつき蠢き、一定の間隔で設置された照明の灯りを避けるように適当な暗闇の中へと溶け込むように消えていくんです。

なるほど、これがメッカというわけね。

「さあ、僕たちも行こうか」

私は課長に肩を抱かれ、公園内へと分け入っていきました。

すると、さっきの遠目からはわかりませんでしたが、カップルたちがエッチに耽っているのは表からは見えない茂みの中とかだけではありませんでした。その辺にあるベンチや、広々とした芝生の上でも、堂々と痴態を繰り広げているのです。

「う、わ……こんなの、丸見えじゃないですか……！」

私が開いた口がふさがらないといった口調で言うと、課長がにんまりと笑って、さも嬉しそうに言ったんです。

「そこがここのすごいところなんだよ！　普通、アオ姦っていうのは、野外でやるっていうスリルを楽しむものだけど、あくまで第三者には見られないっていう安心感があってこそのもの。でもここは、カップルたちがお互いに自分たちのやってるとこを見せ合いっこすることで、より一層の刺激を味わえるっていう寸法なんだ」

つまり、アオ姦＋露出プレイってことですね。

そして、ここでそれを楽しむからには、絶対に他のカップルのことをスマホで動画に撮ったりすることは厳禁で、痴態を見せ合ってお互いに刺激し合いながらもプライバシーの尊重は厳守ということでした。

それを聞いて、私もやっと安心することができて、プレイに入っていくことができたのでした。今日び、そういうヤバイ画像をネットやＳＮＳにばらまかれることほど怖いものはないですからね。

私と課長は、空いているベンチを見つけて、そこに腰を落ち着けました。そして、二人並んで座ってお互いの服のボタンを外し、プレイのための隙間を作っていきました。私のブラウスの前がはだけられ、中のブラの前ホックも外され、暗闇の中でも乳房の白さが際立ち浮かびあがりました。

「うわ、すげぇきれいなオッパイ……」

と、その時、知らない誰かの溜息交じりの声が聞こえました。近くに陣取ってエッチに耽っていた別のカップルの男のほうが、私のことを見て感嘆していたんです。

その瞬間、私は羞恥心で体中がカーッと熱くなるのを感じました。とっさにブラウスの前を掻き合わせようとしたのですが、それを課長に押しとどめられました。

「大丈夫、大丈夫。すぐに、それがよくなるから……」

私はガマンして課長にされるがままに任せ、胸を揉みしだかれ、唇を強く、濃厚に吸われました。気持ちいい……だけど、今この瞬間もすぐそばの知らない人に見られてるなんて……ああ……っ！

するとどうでしょう、さっきまでの羞恥心に代わって、言いようのない興奮が身中に沸き起こってきたんです。見られることの快感に昇華した瞬間でした。

「はぁ、あぁっ……ううん、んん……」

課長の愛撫に喘ぎながら、薄眼を開けてそばを見やると、自分の恋人の体の上で腰を動かしながらも、むさぼるように私のほうを見ているその男と目が合いました。その目は、暗闇の中でもらんらんとして私の肉体への欲望を剝き出しにしています。

なんだか、たまらない気分でした。

いつもの課長とのエッチとは、比べものにならないくらいの昂ぶりが襲いかかってきました。あっという間にアソコが熱く濡れてしまいました。

「ほらね、すごく興奮するだろ?」

課長が濡れた私の股間をグチュグチュといじくりながら言い、私はたまらず課長のズボンのファスナーを下ろしてアレを引っ張り出すと、自らパンティを下ろして、アソコの中に招き沈め入れていました。

「あっく……くぅ、ううん……はぁっ……!」

課長の膝の上で腰を振りながら、再び男と目を合わせました。

その目はこう言っているように感じました。

『このインラン女め……さあ、俺と一緒にイこうぜ!』

私はがぜん、腰を激しく振り立て、課長のモノを搾りあげました。

「う、ううっ……だめだ、もう……で、出るぅ!」

「あっ、ああ、ああん……!」

あっという間に二人、達してしまっていました。

これが私の初めてのアオ姦&露出プレイ体験。

クセになっちゃいそうで怖いんです。

■彼は私の体を起こすと、夫の遺影に正面から向き合う格好で大股を広げさせて……

亡き夫の遺影の前で襲われ犯されイキ果てて！

投稿者　中崎美緒（仮名）／31歳／無職

最愛の人の魂をないがしろにし、踏みにじり……でも、一方でそのことを悦び、自堕落な快楽の沼の底に沈み込み……それは真に地獄のような体験でした。

夫が交通事故で急死しました。

子供のいなかった私たち夫婦は、お互いを人生のパートナーとして心から信頼し必要とする存在でしたから、それはもう、想像を絶する悲しみとつらさでした。幸い、夫の生命保険金と、非を認めた事故の相手方からの慰謝料があったこともあって急いで働くこともなく、専業主婦だった私は無気力に任せるままに、何も手につかずただ孤独な日々を送っていました。

でも、どうにかごく親しい人だけを呼んで四十九日の法要をすることになって。

これは、その日起こった出来事です。

四十九日には私と夫、双方の両親と、それぞれのごく親しい知人・友人だけが集まり、総勢十人というこじんまりとしたものでした。

お寺での法要もひと通り終わり、近くの料理屋での食事会を終えたあと、私はなんだか具合が悪くなってしまいました。法要の緊張感から解放された安堵に、どっと出た疲れが重なって体調を崩してしまったのかもしれません。

「あ、じゃあ僕がお宅まで送っていきますよ」

そう言ってくれたのは、亡き夫の親しい同僚だった山村さん（三十三歳）で、私は申し訳ないからとお断りしたのですが、あまりに熱心に言ってくれるもので、さすがにあまりむげにもできないと思って、タクシーに同乗して送ってもらうことになったのです。

「どうか遠慮なさらないで。親友だったあいつのためにも、なんとか奥さんの力になってあげたいんです」

「はあ……ありがとうございます」

実は、夫の親友だったというものの、私自身はほんの数えるくらいしか会ったことがなく、山村さんのことはあまり知らなくて……正直、少し警戒心があったのですが、いかにも人当たりのいい、やさしそうな雰囲気の人ではあったので、そんな失礼な思いは頭の中から拭い去りました。

でも、やはり……私が抱いた警戒心は、杞憂ではなかったのです。

タクシーが自宅マンションに着き、十階にある自室まで彼は、慣れない和装の喪服と履物を身に着けたおかげで足元のおぼつかない私を支えながら、送り届けてくれました。さすがに、それじゃあどうもとそのまま帰すのも気が引けた私は、お茶の一杯でもと言って誘い、山村さんはすぐに承知し、玄関を上がってきました。

先に入った私は、夫の遺影と骨壺が置いてある六畳の和室まで進み、つい感慨深く遺影の中の夫の顔を眺めていました。悲しみがよみがえり、ついつい目に涙が滲んできてしまいます。

あ、いけないいけない、山村さんのおもてなしの用意しなきゃ、と、台所に向かうべく私が振り返った、そのときでした。

「お、奥さんっ！」

いきなり山村さんが正面から私のことを抱きすくめてきたのです。

彼は昔から柔道をやっていたというだけあって、大柄な上にがっしりとした体つきで、その分厚い胸に押しつぶされんばかりの圧力に、私は思わず息が止まり苦しみに喘いでしまいました。

「な……ちょ、ちょっと……山村さん、な、なにを……あ、ああ……」

「奥さんのこと……ずっと、ずっと好きだったんだ！」

思いもよらない言葉とともに、彼はますます私の体を強く抱きしめ、私は和装の喪服の帯の締め付けの息苦しさとあいまって、頭がクラクラしてきてしまいました。そしてそのまま、彼に押し崩されるままに、畳の上に寝かし倒されてしまったのです。

「はぁ、はぁ、はぁ……奥さん、奥さん！　大好きだぁっ！」

彼は、息せき切って喪服の帯をほどき、がむしゃらに私の体を開いていきました。

そしてとうとう帯を外され、はだけられた黒い生地の奥から私の白い裸身が露わになると、彼の興奮はますます抑えのきかないものとなり、その目にギラギラと欲望の光がきらめくのがわかりました。

彼は私の胸元に顔を突っ込み、下着をつけていない剝き身の乳房にむしゃぶりついてきました。いつも夫が「美緒のオッパイは決して大きくはないけど、形がよくて本当に美乳だな」と言ってくれていた乳房が、山村さんの口吻によってぐにゃりと押しひしゃげられ、妖しい軟体動物のように歪みのたくりました。

「ああっ、だ、だめ、やめて、山村さん……夫が見てる……」

私は、あまりにも抵抗が意味をなさない彼我の差に、なかば犯されることを観念しながらも、かろうじてそう言って夫の遺影の存在を意識させ、せめて他の部屋に移動

しての行為を山村さんに訴えました。が、彼は、

「ははは、そんなもの、見せつけてやればいいんだ！　あいつ、俺が奥さんのことを好きだって知りつつ、いつもわざとのろけて俺にうらやましがらせて……どれほど悩ましかったことか……だからそのお返しに、俺が奥さんを犯しまくる様をいやというほど見せつけてやるんだ！　へへっ、いい気味だぜ！」

などとまくしたて、結果、火に油を注ぐ格好になってしまったようです。

「だ、だめ……か、かんにん……！」

私は思わず、生まれ故郷の京都のイントネーションで懇願してしまいましたが、彼の狂気じみたたかぶりは収まりません。

「はぁ、はぁ、はぁ……ほらほら、しっかり目に焼き付けやがれ！」

そう言うと山村さんは、服を脱いで裸になり、自らの股間を露わにしました。その昂ぶりは恐ろしいまでのもので、全身にこれでもかと血流の行き渡った肉茎ははち切れんばかりにパンパンに膨れ上がり、獰猛な毒蛇のように鎌首ならぬ、張り切った亀頭をもたげさせていました。

そして私の体をぐいっと起こすと、夫の遺影に正面から向き合う格好で大股を広げさせて自らの股間の上に載せ、ヌチヌチと肉茎を女陰の中に沈め入れていったのです。

「あっ、ああっ……や、やめて～っ！　こ、こんなのいや～っ！」

私はぐいぐいと押し入ってくる肉茎の感触に負けまいと、そう声を張り上げて訴えたのですが、山村さんは容赦してくれませんでした。

「ほらほら、おまえの大好きな奥さんのワレメの中に、俺のぶっといチ○ポが入ってくのが見えるか⁉　見えるよな？　おおっ……しかもほら、奥さん、いやがるどころか、しっかりと俺のチ○ポ咥え込んでミチミチと喰い締めてきやがる！　ははっ、とんだ淫乱後家じゃねえか！　ほらほら、もっと腰触れ！　自分で跳ねろ！」

いかれたように激しくそうわめき、これ見よがしに下からズンズンと突き上げてきて！　いつしか私もその異常な迫力に呑み込まれるようにして理性と自制心をなくし、肉の衝動に任せるままに、彼に言われたとおり、淫らなリズムに乗って腰を振り、上下に跳ね上げて股間の上で体を弾ませていました。

「あっ、あっ、あ、あああっ……ひあぁ、あん、くはぁぁぁ～～～っ！」

あられもなく悶え喘ぎながら、遺影の中の夫の顔が……できるだけ素直に微笑んでいるものを選んだはずが、どうしようもなく悲しい笑みに見えてきました。

ああ、あなた、ごめん……ゆるしてっ……！

心の中で必死に謝りながらも、勝手に飛び跳ね、その肉交の快感を獣のように享受する己の肉体を押しとどめることは叶いませんでした。

「あっ、あっ……だ、だめっ！　イ、イク……イッちゃう……」

「おうおう、イケイケ！　死んだダンナの前で狂ったみたいにイキまくってやれ！」

「ああっ……はぁっ、はっ……あ、ああ～～～～～っ！」

「うぐぅ……お、俺もうっ……うぐ、ううううっ！」

絶頂に悶え喘ぎながら、山村さんの大量の精子が下から噴き出し、ドクドクと胎内に注ぎ込まれるのがわかりました。

それが膣内からこぼれ出して、ボタボタと畳を汚していきます。

事後、山村さんはいきなりの凶行を私に詫びてきました。

私に対する想いが強すぎたあまりにわけがわからなくなって、とんでもないことをしてしまったと。

まさに地獄絵図のような体験でしたが、一番の地獄は、なんといってもこのときの快感と興奮が未だに忘れられない、私の業の深さにあるように思います。

■彼女はその迫力満点の胸の膨らみを僕の胸にグニュニュッと密着させてきて……

満員電車の中、まさかの初心者痴女にねだられ翻弄されて

投稿者　山沖裕章（仮名）／29歳／会社員

僕、自分で言うのもなんですが、けっこうイケメンなもので、電車の中なんかでよく痴女に遭うんですが、ついこの間出くわしたのは、ちょっとこれまでとは違ってユニークで新鮮な痴女でした。

その日も朝の通勤電車は超満員で、僕ははなから座れるつもりはありませんでしたが、少しでも混雑度の低い位置取りをすべく、いち早くホームの先頭に並んだお陰で、ドア脇のちょうど座席手すりにお尻が当たる辺りのスペースを確保することができました。これでなんとか、ギュウ詰め四面楚歌とでもいうべき最悪の状況は回避できたというわけです。

僕は通勤カバンを網棚の上にあげ、ワイヤレスイヤホンを両耳に突っ込むと、お気に入りの音楽を音を絞って聴きながら、晴れて自由になった両手でスマホを操作して今朝のニュースに目を通し始めました。

と、そのときになって初めて、僕に正面から密着する形で一人の女性が立っているのに気づいたんです。

年の頃は僕よりちょっと上と思われる三十ちょっとで、その落ち着きのある服装はOLというよりも、働く人妻という印象を抱かせました。なかなかきれいな人で、なおかつその膨らんだ胸は、服の上からでもかなりの巨乳であることを窺わせました。

僕は内心ドキドキしながらも、極力平静を装い、そちらを見ないようにしていたんですが、そのとき、列車が揺れたわけでもないのに彼女の体重がグッとこちらにかかり、お互いの体が強烈に密着するのがわかりました。

（ええっ⁉）僕がドギマギしていると、僕より十センチばかり背の低い彼女が上目づかいで、周りには聞こえないような囁き声でこう言ってきたんです。

「あの、お願いがあるんですけど……私、今日初めてあなたのことを見て、すごく好きになっちゃって……もうお近づきになりたくて仕方なくて……それで、こんなこと生まれて初めてなんですけど……痴女させてもらってもいいですか？」

その声は、かろうじてイヤホンから聞こえる音楽よりも大きくて、なんとか内容を把握することができましたが、僕としてもこんな、見ず知らずの人から最初に痴女宣言されるなんて生まれて初めての経験だったので、どう反応していいのか困っていると、股間の辺りがサワサワ、ムズムズして……どうやら僕の返事を待つことなく、彼女は痴女行為を始めてしまったようです。

「ごめんなさいね。だって私、次の駅で降りなくちゃいけないから、あと時間が五分くらいしかないの。次いつ出会えるかもわからないし……ね、お願いだから私の好きなようにさせて！」

彼女は言い訳するようにそう言うと、より強く体を押しつけ、その迫力満点の胸の膨らみを僕の胸にグニュニュッと密着させてきました。その日は小春日和でとても暖かかったので、僕はスーツの上着の前を開けていて……普段、Yシャツの下には下着をつけない主義なもので、彼女の胸のエロチックな圧力は、薄いYシャツ生地一枚を通しただけのより生々しい感触で僕の乳首をなぶってきました。思わずオスの本能が反応してしまいます。

「あ、大きくなってきた」

ズボンの上の感触から僕の股間の状態を感じ取った彼女は、小悪魔のような笑みを浮かべながら、嬉しそうに言いました。そしてズボンのチャックを下ろして中に手を差し入れると、ボクサーショーツの上から僕の昂りを撫で回してきて……。

「……はぁ……」

思わず、僕の口から甘い喘ぎが洩れてしまいました。

「わあ、すごい。どんどん大きく……固くなってくる……すてき……でも、これじゃあ窮屈よね？　今ラクにしてあげるね」

「……あ、そんな……っ」

思わず洩れてしまった僕の抗いの言葉など素知らぬ顔で、彼女は今や完全に、イタイぐらいに張り詰めている男性器をズボンの外に引っ張り出してしまいました。

そして、ついに直接握ってしごきだして……。

「ちょっ……ヤバイです、こんなところでさらしちゃうなんて……周りの誰かに見られたら……」

「大丈夫よ。皆、スマホに夢中で周りのことなんて見てやしないわ。気にせず楽しみましょう？　ね？　……ああ、私も興奮してきちゃった」

確かに彼女の言うとおり、乗客の誰もが自分のスマホを見て、しかも大抵の人がイヤホンをしていて……ほぼ完全に周囲の状況をシャットアウトしていましたが、僕はそう簡単に開き直ることはできませんでした。

でも、だからこそ余計に羞恥心を煽られ、皮肉にも興奮度が増してしまって……。

彼女の手の握りが亀頭をこね回すようにくびると、その心地よい刺激にカラダがビクリと震え、たまらず熱い昂りが……！

「あ、先っちょがヌルヌルしてきた！　舐めてあげたいけど、さすがにここじゃ無理ね。ザンネン！」

彼女は僕の先走り液の粘つきを愉しむかのようにヌチュグチュと亀頭をこねくり回してきて……僕はその気持ちよさに悶絶しながらも、恥ずかしい音を周囲の誰かに聞きとがめられちゃうんじゃないかと、未だに気が気じゃありませんでした。

「はぁ、はぁ、はぁ……」

彼女のほうも声を潜めて喘ぎながら、ますます昂ってきているようです。

「ねえ、もっと気持ちよくしてあげるね……」

そうエロい声音で言うと、片手で男性器をしごきながら、もう片手は上のほうに上げて、僕のYシャツのボタンの一部を外し、内側に忍び込ませた指でコリコリとナマ乳首をいじくってきました。

「……あ、あ、そんな……っ……」

男性器と乳首への同時責めが、リズミカル、かつ絶妙の強弱で僕の性感を翻弄してきて……さらにより一層激しく、彼女が豊満な乳肉の圧力で攻め立ててくるものだから、一気に快感の奔流が僕の中でうずまき始めました。

「……んくっ、うう、……だめだ……もう出ちゃいそうです……！」

「ああ、ちょっと待って……いま……っ！」

「ううっ……はぁ、ぐっ……」

僕はとうとう、まさかの満員電車の中で射精してしまい、でもその放出を、彼女はとっさに取り出したハンカチでタイミングよく受け止めてくれて、衣服が汚れることはありませんでした。

「ありがとう……とても、よかった」

「ぼ、僕のほうこそ……」

そんな言葉を交わすうちに電車は次駅に停まり、彼女ははにかんだような笑みを浮かべながら降車していきました。

とてもびっくりしたけど、忘れられない一期一会になることでしょう。

■義兄の熱くくぐもった呻き声とともに、濡れたアソコに強烈な異物感を感じ……

義兄に夜這いをかけられ生まれて初めて知った女の悦び

投稿者　羽田沙也加（仮名）／30歳／銀行員

私がまだ幼い頃、母が病気で亡くなり、その後、父はまわりの勧めもあって再婚しました。新しい母親になった女性はとてもやさしく、私のことを本当のわが子のように愛してくれて、ほどなく私は、まだ小さかったこともあって、実母を亡くした悲しみを忘れることができたのです。

その継母には私より二才年上の連れ子の男の子がいました。

私の義兄となった彼は名前を直人といい、初めて顔を合わせたときは、お互いに恥ずかしがってしまい、今思い出しても思わず顔がほころんでしまうような愛らしい光景でした。

でもまさか、そんな二人があんなことになってしまうなんて……。

私が高一、義兄が高三のときのことでした。

義兄は思うように学校の成績が上がらず、このままでは志望の大学は難しいということで、日々思い悩んでいるようでした。いつもふさぎ込んでいて、私たち家族とも満足に話そうともせず、家の中はピリピリしていました。

そんなある日、継母の親族に不幸があり、父と二人、夫婦でその葬儀に参列するために一晩家を空けることになりました。

継母は義兄がそんな調子だったもので、私と二人だけで家に残していくのは少し不安だったようですが、私も「平気、平気！」と明るく答え、父も「大丈夫さ。もう子供じゃないんだから」とのんきに言うものだから、渋々という感じで家を出ていきました。今思えば、そんな父の『子供じゃないんだから』という一言が、その後、私と兄の間に起こったことに皮肉な彩りを与え、なんとも複雑な気持ちです。

父と継母の再婚後、初めて兄と二人だけで過ごす夜を迎えました。

私が一生懸命明るく話しかけても、相変わらず義兄は満足にしゃべらないものだから、結局二人してぼそぼそとコンビニで買ってきた晩ごはんを食べ、その後十時を回ったところで、私はシャワーを浴びてパジャマに着替え、二階の自室に上がりました。

「お兄ちゃん、おやすみ」

そう声をかけても、返事はありませんでした。

そして私はベッドに入り、音楽を聴いたり、本を読んだりしていたのですが、十二時近くなったところでウトウトしてきたので、電気を消して目を閉じました。

するとそれからどのくらい経った頃でしょう。

私は半分寝入りながら、何やら異常を感じていました。

全身が妙に重苦しいのです。呼吸も圧迫されていました。

（え？　な、何？　なんなの……？）

暗闇の中、私は動揺し、恐怖に包まれていました。

ようやく暗闇に慣れた目の中、すぐ眼前に義兄の顔がありました。

「お、お兄ちゃ……っ……！」

驚いて声をあげようとした口は、すぐに義兄の手によってふさがれてしまいました。

「んんっ……むぅ、んぐ……！」

それでも必死で呻き、体にのしかかった義兄の重圧から逃れようともがいたのですが、三年になって引退するまでラグビー部で鍛えたその強靭な体はびくともせず、私のあがきは、ただ自分の体力を消耗させるだけでした。

しかも、そんな肉体的プレッシャーのみならず、そのときの義兄の目の中に宿っていた異常な光の戦慄といったら……ギラギラした獣のような迫力と、背筋が冷たくなるような狂気がないまぜになったその眼光に射すくめられ、私は精神的にも完全に追い詰められ、ただただ沈黙するしかなかったのです。

「はぁ、はぁ、はぁ、はぁ……」

義兄は息を荒らげながら、私の首筋に顔を埋めるようにすると、力任せに強く吸引してきました。

「んく、ふぅ、んぐぅふぅ……」

私はその痛さに思わず呻きました。

でも義兄は、そんなこと気にもとめず、さらに今度は私の口をふさいでいるのとは反対のほうの手で、荒々しく私のカラダを撫で、揉み回してきました。

当然、就寝の態勢に入っていた私はブラジャーなど着けておらず、薄手のパジャマもろともモミクチャにされた乳房が、その痛みに悲鳴をあげました。

それほど発育のいいほうではなかった私の乳房は、まだその膨らみも緩やかで固く、乳首もまだまだ青い蕾のようでした。

「んぐぅ、んんっ、ぐぅ……うううっ……!」

たまらず涙が出てきました。

そこで一瞬、義兄も私の様子に気づいて躊躇する素振りを見せましたが、結局一度暴走を始めた勢いは止まらないようで、さらに乱暴になって私のパジャマをむしり取ってきました。そして今度は、さっきの首筋への吸引に負けないくらいの強さで、私の乳房に吸いついてきたのです。

薄桃色のまだ固い乳首が、義兄の少し分厚めの唇によって引き絞られるように吸われ、激痛が私を襲いました。同時に無理やり控えめな乳房が揉みしだかれ、その痛みも合わさって、苦悶はもうハンパではありません。

「んうっ、はぁ、はぁ、はぁ……ああ、沙也加ぁ……あふぅ……」

「んぐぅ、んっ、んっ、っぐうぅぅ……！」

それでも、しつこく、入念に乳房を揉まれ、乳首を吸われているうちに、いつしか私の肉体の反応に変化が生じてきました。

刺激に耐性がついてきたようで、いつの間にか痛みを感じなくなり、今度はそれに代わってムズ痒いような妙な感覚が生じ……そして、とうとうそれが心地いいものに変わっていったのです。

「んっ、んふ……う、ううう、んうう……」

自分の声に甘い響きが混じるのがわかりました。

と同時に、下半身が……アソコがキュ～ッとするような不思議な感覚が押し寄せてきて、次の瞬間、じゅわっと熱い汁気が噴き出すのがわかったのです。

正直、それまで私は本格的なオナニーはまだ未経験で、そんな感覚はまさに初めての体験だったのです。いったん熱く湿ったソコは、その後さらに、その昂ぶりを増していくだけでした。

気づくと、目の前、私のお腹の上に馬乗りになった義兄が膝立ちになっていて、その股間から突き出したペニスが、先端を透明なしずくで濡らしながら、私のことを見下ろしていました。その勃起具合は凄まじいもので、義兄のおへそにつかんばかりに凶暴に反り返っていました。

いつの間にか私の口をふさいでいた手は外されていました。途中、私の反応の変化に気づいた義兄が、もうその必要はないと判断したのでしょうか。

(ああ、いよいよ入れられちゃうの……?)

そう思った私でしたが、それは実は恐怖ではなく、正直、期待のニュアンスをまとった心の声でした。どうやら、義兄は完全に私の中の〝オンナ〟を目覚めさせてしまったようでした。

「ああ、沙也加ぁ……はぁ、はぁ、はぁ……ん、んんん……」

義兄の熱くくぐもった呻き声とともに、濡れたアソコに強烈な異物感を感じました。硬く太いソレは、私の幼い肉門をミチミチと押し広げ、内側の肉壁いっぱいいっぱいいに満ちると、ヌチヌチと淫靡な肉ずれの音をたてながら抜き差しを繰り返しました。

最初、もちろん喪失の痛みはありました。再び涙が出るような苦痛でした。でも、そのあと間もなく、それはたまらなく気持ちいいものへと変わっていったのです。私は両脚を義兄の腰に巻き付けて、その快感をむさぼっていました。

「ああっ、はぁ、お、お兄ちゃぁん……あはっ、あ、あ、あっ……！」

「あ、沙也加、沙也加、沙也加ぁっ……！」

私は人生最初の絶頂とともに、義兄のほとばしるような熱い放出を胎内奥深くで受け止めていました。

それから義兄は、受験のムシャクシャで魔がさしてしまったと謝ってくれましたが、正直、私に怒りの気持ちはありませんでした。いやむしろ、嬉しかったくらいで。

その証拠に、今でもたまに、私から誘って義兄との関係を続けているくらいなのですから……。

■二人から左右同時に乳首を吸い舐められ、コリコリ、クチュクチュと責めたてられ……

教え子二人からの淫らな恩返しにイキ果てて悶えて！

投稿者　坂井いずみ（仮名）／31歳／教師

さあ、四月だ。

いよいよ一週間後から、勤めている高校の新学期が始まる。

大学受験のシーズンもようやく終わりを告げ、私が担任していた三年のクラスの子たちも概ね志望校に進むことができて、ホッと一安心。まあこのあとほどなくして、また一年間の次の大学受験に向けての戦いの日々が始まるわけだけど、今この、それまでのほんのわずかな時間だけは、そんな責任やプレッシャーから解放されて心も体も軽く過ごせる、とても貴重な時間だ。

天気もよくポカポカと暖かい小春日和の日曜日。

いつもの私なら、図書館で好きな海外作家の本を物色したりしてインドアに過ごすのだけど、なんか今日はとっても開放的な気分。繁華街に出てウィンドウショッピングでもして、気に入った服とかあったら、久しぶりに本当に買っちゃおうかしら。

そんなことを思いつつ、賑わう人込みをよけながらフラフラと街路を歩いていたときのことだった。

「あれっ、坂井先生じゃないですか！」

後ろからいきなりそう声をかけられ、えっと思って振り向くと、そこにいたのはかつてクラス担任した教え子……高野くんと三村くんの二人だった。二人ともオシャレな服装に身を包み、とてもかっこいい。たしか今は二十一歳で大学の三回生だったわね。二人ともばっちりいいとこに受かったのよね。

「あら、高野くんと三村くん、二人とも久しぶりじゃない！　卒業以来だから、え〜と、三年ぶりだっけ？」

「そうですよ。さすが先生、ちゃんと俺らのこと覚えててくれたんですね。嬉しいなあ。今日はお買い物か何かですか？」

「うん、そう。たまには服でも買っちゃおうかなぁなんて思って。二人は何？　かっこよくキメちゃって、ナンパでもしようっていうの？」

と、冗談めかして言った私だったが、それに対して一瞬間があり、続いて彼らが言った言葉に、正直ちょっとドキンとしてしまった。

「あはは……まあね。でも、正直これっていう子がいないから、どうしようかなあって思ってたとこなんですけど……先生、よかったら俺らにつきあってくれませんか？」

「おお、それいいなあ！　実は俺ら生徒時代、密かに先生に憧れてたんですよ？　でも、先生ったら美人で魅力的なくせにド真面目で、全然つけ入るスキがなかったから……ねえ、ぜひぜひ、今日は俺らと過ごしてくださいよお」

　いったいどこまで本気で言ってることやら……そうちょっと訝しく思いながらも、さらに二人の様子を窺ってみると、どうやらけっこうマジみたいだった。

　これって悪い気はしないよね。

　なにぶん私も、前の彼と別れてもう丸二年ほどもフリー状態で、先生・生徒以外の異性との接触にちょっとだけ飢えてる感じ。そんなところに、かっこよく成長した元教え子二人からこんな嬉しいこと言ってもらえて、かなり心が動いちゃった。

　二人のお言葉に甘えて、ちょっとだけドキドキ感味わってもいいよね？

「そうねえ……うん、いいよ。先生をどこか楽しいところに連れてってよ」

「えっ、ほんとにいいんですか？　やりーっ！」「先生、ありがとーっ！」

　そんなふうにはしゃいで喜ぶ二人を見て、思わず目を細めてしまった私だったけど……それがまさかあんなことになるとは……。

　それから私たち三人はハンバーガーショップに入り、口の周りをケチャップと肉汁だらけにしながらワイワイと楽しくランチしたあと、昼間からやってるという二人の行きつけのＢＡＲへと向かった。あくまで軽く二、三杯というかんじで飲み始めたのだけど、あれ、そういえば、かつての教え子と飲むなんて、これが初めてのことなんじゃない？　ある種の感慨を覚え、私はがぜんテンションが上がってしまい、少々飲み過ぎてしまったかもしれない。

というのも、その店に入ってから一時間ちょっと以降の記憶がなく、酩酊状態からようやく目覚めると、なんと私は全裸で見知らぬ部屋の中のベッドの上にいて、その姿をピッチピチのボクサーショーツ一丁だけ身につけた高野くんと三村くんに見下ろされていたから……。

「……な、何なの、これ⁉　ふ、二人ともいったい、な、何のつもり⁉」

動転してうまく舌が回らない私の詰問に、彼らは、

「いや、気持ちよく酔っぱらってる先生が、あまりに色っぽいもんだから、なんだかもうたまらなくなっちゃって……」

「そうそう、俺もう、ここが痛いほど突っ張っちまってどうしようもなかった……」

などと、二人とも自分の股間を押さえながら、えも言われず好色な笑みを浮かべて言うのだ。いやでもそこに視線を吸い寄せられてしまった私は、二人のはち切れんば

かりのボクサーショーツの前部分の膨らみを目にすることになる。

二人のとんでもない淫らな意図を知った私は、

「冗談じゃないわっ！　もし私に指一本でも触れたら、大声出すからねっ！　そしたら、がんばってせっかくいい大学入った君たちの将来も一巻の終わりよ！」

そう言って必死で思いとどまらせようとしたのだが、二人の対応は冷静だった。

「無駄ですよ、先生。ここ、俺の住んでるワンルームマンションなんですけど、防音設備はマジ完璧なんだ。どんだけ叫んだって誰にも聞こえませんよ。逆にもう先生の裸の画像は俺らのスマホん中にしっかり収まっちゃってるんだ。もしものとき、困るのは先生のほうですよ」

私はもう、ぐうの音も出なかった。

「さあ、観念して、この際、たっぷり楽しみましょうよ。先生だって、俺らみたいなイケてる若い男二人とエッチできて、ほんとは嬉しいんでしょ？」

ふざけるな、と思いつつも、私はにじり寄ってくる彼らのことを拒絶することもできず、左右から二人に挟まれる格好で、そのキスと愛撫に身を任せるしかなかった。

二人から交互に繰り返し熱いディープキスをされると、なんだか意識が朦朧として、蕩けるような感覚に包まれていく。さらに二人左右から乳房を揉まれると、久方ぶりに味わう快感が押し寄せてきて……！

「ああ、憧れの先生のオッパイ、ずっと触れてみたかったんだ」

「な？　ほら、言ったとおりだろ？　先生って着やせするタイプだから、きっとオッパイ大きいって。う～ん、マシュマロみたいに柔らかくて最高の揉み心地だぁ」

「……んあっ、あ、はぁ……あはん………」

その二人がかりの愛撫の心地よさに身悶えするしかない私だったが、さらに今度は左右同時に乳首を吸い舐められ、コリコリ、クチュクチュと責めたてられた日には、もう背をのけ反らせて激しく喘ぐしかなかった。

「あひっ！　ひっ……はぁっ、あん、んふぅ……！」

「くうっ、もうダメ！　ガマンの限界……なあ三村、俺のほうから先に先生のオマ〇コにチ〇ポ入れてもいい？」

「ええっ、マジ⁉　……ったくしょうがねぇなあ。いいよ。その代わり、俺は先生の口を使わせてもらうよ」

「オーケー、オーケー」

彼らはそんな勝手なことを言い合うと、高野くんは私の下半身に腰を密着させて陣取り、三村くんは寝そべった私の顔のすぐ横に膝をつき、それぞれがギンギンに勃起したペニスがいかにも窮屈そうにボクサーショーツを脱ぎ取った。ビョンッ！　と二人ともすごい勢いで剥き身の男根が跳ね上がって震えた。

「さあ、先生、俺のしゃぶってよ。歯を立てないように気をつけてね」

そう言いながら突き出された三村くんのペニスを私は咥え、その大きく膨らんだ亀頭を飴玉のように舐めしゃぶり始めた。

「くぅッ……先生、いいっ……！」

と、彼の喜悦の声が響き渡ったその瞬間だった。

ズブリ、という衝撃的なインパクトを伴って、高野くんの極太ペニスが私の肉裂を穿って挿入され、続いてものすごいスピードとピッチでピストン掘削を始めた。

「んぐっ……んふぅ、ううっ……んぐ、んぐ、うぐうぅ……」

私はその魅惑のストロング・ピストンに翻弄されながらも、決して三村くんのペニスを口から放すことなく、無我夢中でしゃぶり続けた。

「んああっ！　おい高野……おまえの振動がこっちにまで伝わってきて……す、すげえ、こんなのよ過ぎるよぉっ！」

「んぐっ、んあっ、あがっ……はぁ、んぐふぅ……！」

「ああ〜〜っ、先生のオマ〇コの中、トロトロのくせにキュウキュウ俺のチ〇ポ締めつけてきて……た、たまんねぇ〜〜〜〜〜っ！」

三者三様のあられもない喘ぎがこだまし合い、部屋中に響き渡る中、上下の口を責めたてられ、性感をどんどん追い詰められていった私の中に巨大なものがせり上がってきた。ああ、くる、くる……！

「んぐ……ぷはぁっ！　ああ、もうダメ！　先生イッちゃう……あん、あん、あん、ああっ……あ、ああ〜〜〜〜〜〜〜〜〜〜っ！」

オーガズムの大波に呑み込まれるままイキ果てた私の目に映ったのは、私のお腹の上と、口の中と、それぞれの若く大量の精を解き放った高野くんと三村くんの、クライマックスの狂態だった。

その後、彼らは持ち場を替えて私の肉体を凌辱しまくり、私のほうもそのケダモノのような悦楽のすべてをとことん味わい尽くした。

私も今ではこの出来事を、彼らなりの、恩師である私に対する恩返しだったのかもしれないと思うようになっている。

■痴漢は私のソコに唇を当て、トロリと溢れ出てきた濃厚な淫汁を、ズルルルル……

映画館痴漢の信じられないトリプル・エクスタシー！

投稿者　松本まり（仮名）／29歳／ブックデザイナー

その日、つきあってるシンヤが、いきなりこんなこと言ってきた。

「いいとこ見つけたよ。今日、これから行こうよ」

「はあ？　なんの話？」

「だから、おまえ、最近オレらのエッチもマンネリ気味だから、もっと刺激のあることしたいって言ってたじゃん？　で、そういうことができる、いい場所を見つけたってことさ。俺の知り合いのウラもの系ライターが教えてくれたんだ」

ああ、そういえば、言った言った、そんなこと。だってほんと、シンヤとももう三年目だし、いい加減同じようなエッチ、飽きてきたんだよね。

ってことで、出版社勤めのカレがその筋の専門家（？）から聞いたという、と〜っても刺激的なスポットに急遽行くことになったわけ。

時刻は夜の九時すぎ。

連れていかれた先は、今どきはやらないだろう、いかにも寂れた感じの成人映画館だった。そう、いわゆるポルノ映画館だ。

私は正直、ちょっとガックリきてしまった。今日び、ネットでいくらでも無修正のエロ画像が見れるっていうのに、こんな昔ながらのポルノ映画が刺激的ですって⁉

シンヤもとうとう焼きが回った？

と、私がいかにも不満げな顔をしてると、彼は不敵な笑みを浮かべながら言った。

「まあ、おまえの胸中はわかるよ。でも、だまされたと思ってちょっと付き合ってみなって。ほんと、すげえらしいから」

って言われても、私はまだまだ半信半疑だったけど、とりあえず言うとおりにしてあげることにした。

入口の券売機でチケットを買い（なんと一本立て五百円ぽっきり、当然入れ替えもなしで何回でも見放題…だけど、今日はもう最終回の上映らしい）、もぎりのおばさんに渡し、薄汚れたロビーから重々しいドアを開けて、シンヤと二人、映画を上映している劇場の闇の中へと足を踏み入れた。

そして私は息を呑んだ。

最初、目が暗さに慣れるまでは館内の様子もよくわからなかったけど、それがだんだん見えてくると……決して広くないそこには、あちらこちら、五か所くらいに分かれて三～四人の人だかりができて、それぞれが何やらやっているようだ。よく目を凝らして見てみると……それぞれに女性が一人だけいて、それを二～三人の男たちが取り囲んで、何やらよからぬことをやっていたのだ！

「……ええっ⁉　な、なにこれ……？」

私が度肝を抜かれ、喘ぐように言うと、シンヤが耳元で囁いてきた。

「な、すごいだろ？　ここはね、おまえと同じようにもう普通のエッチじゃ満足できない……すごい刺激を欲しがる女が、『集団痴漢』をしてもらいにやってくる、その道じゃあ知る人ぞ知る伝説的スポットなんだ」

集団……痴漢……。

その言葉を聞いた瞬間、何やら私の身中は、これまで経験したことがないような異様な状態と化した。カーッと全身が火照りだすと、カラダのあちこちが……頭の先からつま先までが鋭敏に尖り立ち……そう、それはまるで全身がいやらしい性感帯になってしまったかのような……。

いかにもつまらなさそうなポルノ映画が映し出されているスクリーンが発する、煤けた光に照らされ、シンヤは淫猥な笑みを浮かべながら言った。

「ふふ、がぜん興奮してきたみたいじゃないか。よし、じゃあ席について痴漢の皆さんに触ってもらうとしますか？　オレが一緒にいると皆さん、手を出しづらいかもしれないから、最初は遠巻きに見てることにするよ。さあ、思う存分、楽しませてもらっておいで」

彼は私を全座席のど真ん中あたりの場所に一人ぽつんと座らせると、そそくさと離れていった。すると、そのタイミングを見計らっていたかのように三つの人影が動き出し、それぞれがススススと私目がけて移動してきた。

あ……私、今から見知らぬ男たちに集団痴漢されちゃうんだ……。

そう思うと、さっきに輪をかけて全身の性感が昂り、興奮で息も荒くなってきた。

そして、そんな私を取り囲むように……左右両脇の席に二人が座り、あと一人は座席の陰に身を潜めると、私のすぐ前にうずくまって見上げてくるような形になった。

「ほ〜っ、こりゃまた上玉じゃないか」

「ほんとだ……まだ若いし、顔もカラダもイケてる」

「よしよし、今日はたっぷり感じさせてあげるからね。オレらにまかしときな」

三人の痴漢たちは口々にそう言いながら、私のカラダに一気に群がってきた。

左右の席の二人が連携して、私のジャケット、ブラウスのボタンを外し、前をはだけると、いかにも慣れた手つきでブラジャーを取り去って、私はバストを剝き出しにされてしまった。さらに、前にうずくまったもう一人がスカートをたくし上げると、スルスルとストッキングとパンティをずり下ろしていき、股間の恥ずかしいアソコもあらわにされて……。

そうやって準備万端といった形になると、両脇の痴漢たちが私の首すじに熱い息を吹きかけながら、左右の乳房をムニュムニュと揉みしだき、コリコリと乳首を摘まみ、こねくり回してきた。

「……っ、んふぅ……あ、はっ……」

その豊かな経験値と確かなテクニックに裏打ちされた巧みな愛撫に、私は感じまくり、荒く甘い喘ぎをあげてしまう。

さらにそこに、うずくまったもう一人の痴漢が並走する。

指をアソコに一本、二本……そして三本と入れてゆき、中でクニュクニュとうごめかしながら、たっぷりと濡れてきたところでソコに唇を当て、トロリと溢れ出てきた濃厚な淫汁を、ズルルルルッ……と、あられもない音をたてながら啜り上げてきて！

「あひっ……ひ、ひぃ……んあぁぁっ……」

両の乳首とアソコと、トリプルの刺激がからみ合い、混ざり合い、より大きな快楽のうねりとなって私の性感を翻弄していく。

な、なんてすごい興奮なんだろう！　こんな刺激的なのって生まれて初めて！　た、たまんない……感じるぅ……死んじゃうっ！

そんなふうにとんでもなく淫らに蕩けきった私の様子を見計らったかのように、座席の背後にシンヤが立つと、私の首を後ろにひねらせて自分の剝き出したペニスを口に突っ込んできた。きつい姿勢だったけど、そのきつさが余計に虐げられた異常な興奮となって、私の快感中枢を激しく揺さぶって……！

「ああ、まり……いい、感じるぞっ！」

「ほらほら、あんたもイッちゃいな、お嬢ちゃん！」

「……んぐっ、う……うぶっ、う……んふぅぅぅ！」

押し寄せる淫靡なエクスタシーのうねりの中、私は口中にシンヤのほとばしりを受け入れながら、痴漢三点責めのオーガズムを味わっていた。

いやマジ、それはもうすごい刺激と快感だった。こんなの味わっちゃったら、もうフツウには戻れないかも……？

■なんだか体中が性器になって、タスクという人間大のペニスに犯されてるみたいな……

怪しげなハーブのすごい効用で味わった衝撃快感!

投稿者　間宮はるか（仮名）／24歳／OL

あたし、高校を卒業してから去年までの五年間、役者になりたくて、アルバイトをしながら小さな劇団に属して活動してた。ま、結局はものにならなくて役者の道はあきらめて、今はお父さんのコネで小さな会社に入れてもらって働いてるんだけど。

これは、その役者を目指してた頃の、ちょっとムチャしちゃったお話。

同じ劇団に、タスクっていうかなりイケてたヤツがいたの。

そうね、今をときめく若手イケメン俳優の松坂○李をもっとワイルドにした感じかな。とにかくかっこよくて、若い劇団員の女の子を次から次に食っちゃって、そりゃもう修羅場もしょっちゅうだったわ。

そんなタスクと、あたしはけっこう気が合って、もひとつ言えばカラダの相性もよくって、お互いにあまり干渉し合わないセフレ関係だったのね。気持ちよくなりたいと思えばセックスして、でも相手が他の誰とつきあおうが気にしない……すごく気楽でいい距離感だったと思うわ。

ある日、タスクが、いいものが手に入ったって言ってきた。

「いいものって何？」

「うん？　知りたい？　試したい？」

「試したいって何よ？　なんかヤバイやつ？」

「いいや、ヤバイってわけじゃないけど……それなりの覚悟がいるっていうか」

「んもう！　めんどくさいわねえ！　わかったわよ、あたし、試したい！」

あたしったら、すっかりタスクの焦らし戦法にはまっちゃって、ついついそう言っちゃってたの。ほんと、おばかよねえ？

「わかった。じゃあ、今日、俺のアパートで」

まあ、この時のやりとりで、あたしもその〝いいもの〟が何か、だいたいのベクトルがわかりつつはあったんだけど……。

そしてその日の夜、あたしはバイトの帰りにタスクの部屋を訪ねた。

最初はいつもみたいに二人で安い発泡酒飲みながら、くだらないことだべってたんだけど、ふと、タスクが話を振ってきた。

「じゃあ、そろそろ試そうか？　例の、いいもの」

「いいけど……本当にヤバイもんじゃないんだよね？」

「もちろん、合法、合法！」

そして取り出してきたのは、ビニール袋に入った、もみ殻のような、枯れた葉っぱのような……。あたしが怪訝そうな顔で見ていると、

「これはね、ハーブの一種でれっきとした薬効のあるものなんだ。これをこう火でいぶるとね、とってもいい香りがしてくるんだ……」

タスクは言いながら、お気に入りの香炉の中にそれをひとつまみ入れると、ライターを取り出して火をつけた。すると、途端に今まで嗅いだことのないような奇妙な、でも、えも言われず心地いい香りが辺りに漂ってきたわ。

口と鼻腔から入り込んできたその香りが、あたしの体内を巡り流れると、頭がボーッとなって、体中の血管が温かくなったみたいにポカポカしてきて……次第にもう熱くてたまらなくなってきた。

「ああ、なんだか……すごく、熱い……」

「うん、俺もだよ。こんな邪魔な服、脱いじゃおうぜ」

タスクは言い、先に自分が裸になると、続けてあたしの着ているものをさっさと剝ぎ取ってしまった。見ると、タスクのペニスはもうガチガチに硬く大きくなってたわ。

「うわ、タスクの、すごい……」

「ふふ、俺だけじゃないぜ。ほら、そっちもそろそろ……ね？」

言われるまでもなく、あたしのカラダにも変化が表れつつあった。

乳房全体がパンパンに膨張した感じがして、血流が先端の乳首目がけてごうごうと音を立てながら流れ込むような感覚で、おかげで今にも弾け飛んじゃうんじゃないかと思うくらい、乳首がビンビンに突っ張ってジンジンして……自分でも怖いくらい、赤ピンク色に充血してるみたいだった。

「あ、ああ……なんだか、あたし、ヘンだよお……」

あたしがたまらずそう訴えて体をよじらせると、タスクはニヤリと笑って、

「じゃあ、ちょっと触ってみようか？」

と言い、あたしの両方の乳首を指で摘まんできた。

その瞬間、信じられない衝撃が走って、あたしはマジ、乳首が消し飛んじゃったかと思った。きゃあぁぁっ！　て、絶叫して。でも、その次に訪れたのは、えも言われぬこそばゆさで……ほら、ずっと正座してて足がしびれちゃったところを触られた時みたいな。うわっ、って思ってるところに、今度はそれがめくるめくみたいな快感に変わってきて！

「あん、ああ、ひあああっ……か、感じる、感じちゃうぅ……んあぁっ！」

「ほら、俺のも触ってよ」

悶え喘ぎながら、必死で言われたとおりタスクのペニスに触れ、パンパンに膨らんでる亀頭のところを握りこねてあげると、

「う、うあっ……す、すげぇ、き、気持ちいい……や、やばっ！」

なんとタスクったら、それだけで射精しちゃったの！　ドクドクッ、ドピュッて。

「あ、ああ、タスク、出ちゃったぁ……」

あたしが呆然としてると、

「だ、大丈夫……またすぐ硬くなるからさ。ほら、もっとしごいてよ」

言われたとおりにしてあげると、本当にあっという間にまたすごい勃起してきて。

タスクってばヤリチンだけど、こんなに回復力あったっけ？

「ふふ、このハーブのおかげさ。これを嗅いでる限り、延々とできるんだってさ。ほら、はるかのここも触ってあげるよ」

まるであたしの心の声が聞こえたようにそう説明すると、タスクは今度はあたしの股間に触れてきて……。

「あひぃ、ひっ、ひぃ、ひいっ、くはっ、あ、あああああっ……！」

それはもう、さっきの乳首どころの騒ぎじゃない怒濤の快感が巻き起こって、あたしマジ、失神するかと思っちゃったくらい。

そして、いよいよタスクのペニスがあたしの肉壺の中に入ってくると、その挿入の快感が、ぶわって全身に広がった感じがして、なんだか体中が性器になって、タスクという人間大のペニスに犯されてるみたいな……ああ、もう、とにかく信じられないくらい気持ちよかったってこと！

あたし、いったい何回イッちゃっただろう？　四回？　五回？　いやもっと？　少なくとも、タスクは全部で四回射精したことは覚えてる。ハーブの効用が切れたあと、ヤリすぎてペニスがヒリヒリして仕方なかったんだって。

幸い、本当にそのブツはヤバイものじゃなかったらしく、あたしもヘンな後遺症を覚えることもなかったけど、まあ、若気の至りといえばそのとおり。

ちなみにタスクのほうはまだ劇団をがんばってて、最近、役者としてけっこう評価されてきてるらしい。

やるじゃん、ヤリチン野郎！（笑）

■彼は全力のピストンで私の肉の奥底を突き破らんばかりの激しさで貫いてきて……

幼稚園遠足の引率中にカレ氏と激しくヤリ狂って！

投稿者　村川美沙（仮名）／25歳／保育士

勤めている幼稚園の恒例行事、秋の遠足に行ったときのことです。

といっても、場所は園のバスで三十分ばかり行ったところにある児童公園で、園児は総勢二十名、引率の保育士は私も含めて三人という小所帯で、いくら物騒な世の中とはいえ、まあまあ気楽なものがありました。

ところが、まさかあんなことになっちゃうなんて……！

目的地の児童公園に園バスが到着し、とりあえず一時間ばかり園児たちを遊ばせたあと、お昼ごはんの時間になりました。私たち保育士は園児たちをそれぞれ四人ずつの班に分け、場所を決めてあげた上で、皆きゃーきゃー言いながら家から持ってきたお弁当を楽しそうに食べ始めました。

その様子を微笑ましく見ながら、私たちも朝コンビニで買ってきたサンドイッチやらおにぎりといった手軽なランチをとり始めたんです。

と、そのとき、私のスマホが鳴りました。誰？　と思いながら見ると、カレ氏の淳也からでした。今日は私が園の遠足だって知ってるはずだけど、一体なんの用？　そう思いながら皆に一声かけて少し離れたところへ話しに行くと、

「ごめん、急なんだけど、おれ、今日の夕方から一週間の大阪出張が決まっちゃった。でもさ、予定だと今週末、おれらの週イチHサイクルじゃん？　おれ、それをがまんするなんてできないよ～。で、幸い、これから出発の時間まで、会社から出張のための準備時間もらったから……」

なんと、これからこっちに来るからHしようって言うんです！

こっちは今遠足の引率中で、そんなのできるわけないじゃん！　っていくら言っても聞き分けがなくて……問答無用で押し切られちゃったんです。

そして四十分後、淳也が車を飛ばしてやってきました。

私は仕方なく同僚たちに、どうにもならない急用ができちゃったから、三十分ばかり持ち場を離れなきゃいけなくなって……ごめん！　と言ってなんとか同意を得て、そそくさと公園の隅にあるトイレの一つに向かいました。そこで淳也と待ち合わせたんです。

「いや～、ごめんな、わがまま言って……でも、おれもう、美沙とやりたくてやりた

くて……ほら、見てよ！　さっきからもうず〜っとこんななんだぜ？」

　彼は開口一番そういってまくしたて、その言葉に従って目をやると、薄手のパンツの股間部分がパンパンに張っているのが一目瞭然でした。

　あきれると同時に、自分に欲情してこんなにしてくれているのかと思うと、女として決して悪い気はしませんでした。いや、むしろ、こっちのほうまでその熱にあてられるように気分が昂ぶってくるのがわかりました。

「もうっ、淳也ったら信じらんなーい！　脳みそチ〇ポなの？」

「そんなこと言って、美沙だっておれとやれなくなっちゃうなんてイヤだろ？」

「うん……やだ」

　私はそう言って彼に抱き着き、自分から思いっきり濃厚なキスをしました。なんといっても今日は平日の昼間なので、児童公園全体の人出は少なく、園の皆からある程度離れたこのトイレなら、他の誰かに見られる心配もほぼありません。

　いったんキスを始めてしまうと、あっという間にタガが外れたようになってしまいました。私はトイレの裏の壁に背中を押し付けられ、淳也が差し入れてくる舌に自分のものもからめ、そのあられもなく淫靡な動きは、のたくりもつれあう二匹の妖しげな虫のよう……とめどなく湧き出る二人の唾液が合わさり溢れ出し、互いの顎を伝い、喉元を、鎖骨の辺りをだらだらと濡らしていきました。

「んはっ……じゅ、淳也ぁっ……んぐぅ……」

「ああ、美沙……くぅ、うぐ……んじゅぶっ……」

淳也はそう言ってトレーナーの上から胸を揉みしだきながら、例のいきり昂ぶった股間をグリグリと私の太腿の間に押し付けてきました。私のジーンズ越しにもその熱い脈動が伝わってくるようです。

トレーナーがめくり上げられ、その下のブラが外され、はらりと地面に落ちましたが、そんなこと気にしているような余裕はありませんでした。私は淳也に乳首を吸われながら、そのスリリングな快感に悶絶していたんです。

ああ、私ったら、園児たちを引率してる最中だっていうのに、その務めをほっぽってこんなことしてるなんて……んんっ、んはあっ！

「はぁ、はぁ、はぁ……み、美沙ぁっ……！」

淳也が自分のパンツと下着を足首の辺りまで下ろして、ほぼ下半身を露出させました。私の大好きな彼のオチン〇ンが、最大級にビッグに硬く勃起して、彼のお腹に付かんばかりの勢いで反り返っています。

一瞬、私はひざまずいてフェラしようとしましたが、淳也に押しとどめられました。

「いいよ、もうそんなの！　時間もあんまりないんだ……入れるよ！」

「……っ！　あ、ああっ……」

淳也は、支え持ったペニスの硬い先端で私のワレメの周辺をニュルニュルと撫でまさぐり、すでに恥ずかしいくらいに濡れ溢れ出ている淫汁をのばし広げながら……十分に熟れ馴染んだところを見計らったかのように、太い肉茎を淫らな貝肉を割ってめり込ませてきました。

「……ぁああっ、はぁっ……あっ、あん、ああ……」

「う、うう……美沙、ああ……好きだよ、ああ、くう……」

そして互いの肉がしっかりと噛み合ったところで、ゆっくりと腰を前後させて抜き差しを始めました。そしてそれがだんだんと速く、深くなっていき……ついに全力のピストンで私の肉の奥底を突き破らんばかりの激しさで貫いてきました。

「んん、んっ……くぅ、くはっ、ああっ……ああっ！」

「ううう……美沙ぁ、ああ……あ、熱いよ、美沙の中っ……！」

ぐっちょぐっちょ、ぬちゅ、ぐちゅ、ずじゅっ……！

あられもなく淫らにぬかるんだ肉の擦過音が辺りに響き渡るのを脳裏に聞きながら、私の性感は絶頂に向けて突き進み……その途中、あるマズイものがちらりと目の端に映ったのですが、今やもうどうでもよくなっていました。

「あっ、ああ、あっ……イ、イク……イク～～～～～ッ！」

「み、美沙ぁっ……んぐっ、んん～～～～～っ！」

私は最高のオーガズムの中、淳也のほとばしりを胎内奥深くで飲み込み、とてつもない恍惚感を覚えていました。

その後、満足した淳也は去っていき、私もそそくさと身だしなみを整えて、何事もなかったかのように、同僚の皆のもとに戻ったんです。

え、さっき言ってた、目の端に映ったマズイものって何だったんだって？

へへ、実は園児の中の一人、りゅうへい君が目の玉まん丸にして、私たちのこと見てたんですよね～。あの子、落ち着きのないところがあるから、ついフラフラとさまよってきちゃったのかな？

まあ、オトナの一番醜いところを見せられて、へんなトラウマにならなきゃいいんですけどねえ？

TAKESHOBO Co.,Ltd